日本の大問題が面白いほど解ける本

シンプル・ロジカルに考える

高橋洋一

まえがき

公共事業、やめるべきか続けるべきか、それが問題だ
――「八《や》ッ場《んば》ダム」を例に

コスト・ベネフィット分析と世界標準で考える

八ッ場ダムをめぐる報道を見ていると、工事を止めることが良いのか悪いのかという議論、それも「ダム建設に翻弄《ほんろう》され続けた人びと」といった情緒的なものばかりで、数字の話は誰もしません。しかし、公共投資も企業の投資と同じで、基本的には投下するお金（コスト）とそれに見合った便益（ベネフィット）が得られるかという問題です。投下したお金より便益が大きければ、その事業は行う意味があると判断できます。

ダムの場合、便益を計るのはそれほど難しくありません。ダムの基本的な役割は治水と利

水です。治水は、ダムを造ることによってどれだけ水害などを減らせるかということであり、利水は生活用水や農業用水、産業用水、あるいは発電などの水利用です。これらから得られる便益が、メンテナンスを含めた建設や運用のコストに見合うかどうかを考えます。

まず治水を数量的に考えるには、リスク管理の発想が必要です。災害が起きた場合、人的、物的にどれほどの被害が発生するのか、またその災害はどれくらいの頻度で起こるのかを数値として捉え、それをコントロールしようという考え方です。これによって向こう五〇年程度の間に想定される被害の総額を割り出します。

ときに非常に大きな災害が発生した場合、人びとには強烈な印象が残ります。そして、その印象のなかで物事を考えがちですが、政策を立てる場合にはまず数値で捉えることが重要です。それほどの大災害が発生する確率は、百年に一度かもしれないのです。

こうした被害想定や確率計算、環境への影響などを総合的に算出し、そのうえでダムを建設することが人道的にも、費用的にも、環境の面からも便益のほうが上回ると判断されるなら、それは治水面からは建設すべきものとなります。

ダム建設が適さないとしても、リスク管理はしなければなりません。しかし、その場合にはもっと低コストでできる河川改修などの方法もあるでしょうし、場合によっては保険を利用して備えるという方法もあります。これはあらかじめ資金を積み立てて運用し、それで百年に一度の被害を補償しようというものです。

しかし、この保険という考え方は日本人には馴染《なじ》まないようです。

ちょっと話題がそれますが、最近もインフルエンザワクチンの輸入に際して、輸出元の企業や国から、医療事故が起きた場合には、誰かの責任を追及するのではなく保険（医師などに過失がなくても患者に補償金が支払われる「無過失補償制度」）で補償させてほしいという申し入れがありましたが、日本政府にはこういう制度はありません。保険ではなく、あくまでもゼロリスク、さもなければ誰かの責任を追及して補償を求めるのが日本人のメンタリティです。

現実問題として、ワクチン接種にリスクゼロはありえません。しかし接種しなければ、今度は感染のリスクが高くなりますし、もし接種して事故が起こったら誰かの責任を追及して破産させるというのでは、誰もワクチンをつくらなくなるでしょう。こうした錯綜《さくそう》するリスクをコントロールする手法として保険（無過失補償制度）があり、それはアメリカなどではきわめて一般的なものです。

本題に戻りますと、本書ではさまざまな問題について私の考えを紹介していきますが、その基本的な立場は、私が理解しているコスト・ベネフィット分析（cost-benefit analysis）と世界標準（global standard）です。

日本ではこうした問題について、世論をリードすべきマスコミが、多くの場合良いか悪いかを倫理的な側面から報道することが多く、数値や世界標準の議論はあまりされません。しかし、これが基本であることをここで強調しておきます。

サンク・コストという考え方

利水は、もっと簡単に計算できます。ダムを設計した時点で貯水量が決まり、それによって利用できる水の量が決まります。そこから各種用水や発電から得られる便益が計算できます。ダムについてはこれまでに多くの経験値があるので、こうした計算は難しいものではありません。

にもかかわらず、八ッ場ダムがどうしてこれほど揉めているかといえば、すでに付帯する工事が進められ、多くのコストが投下されているからです。このように投下した資本のうち、事業の撤退や縮小を行っても回収できない費用のことをサンク・コスト（sunk cost＝埋没費用）といい、経済学では一定の理論が定着しています。

よく例にあげられるのは、チケットを買って映画を見はじめたらつまらない、二時間の映画のうち三〇分を見たところだが、残りの一時間半をどうすべきか、というものです。経済学では、つまらない映画を見続けた場合にはチケット代と時間の両方を失うが、途中でやめた場合チケット代は失うけれど残りの時間をセーブできるので、途中で帰るほうが合理的な選択だと考えます。この場合、チケット代がサンク・コストに当たります。

しかし、これはあまりにも単純化した例で、現実のケースはこれほど簡単ではありません。公共事業では、その後追加するコストと完成した場合の便益を計算する必要が出てきます。つまりここでも必要なのはコスト・ベネフィット分析であり、これはたとえ建設途中の段階の論議でも同じです。

八ッ場ダムの場合、最初の計画では二一〇〇億円をかけて六〇〇〇億円の便益があるという数字が出されていました。ただ、この二一〇〇億円は疑わしい数字で、結果的にいま四六〇〇億円に修正され、すでにこのうち三四〇〇億円ほどが遣われています。すると残りは一二〇〇億円。もし前提となるこれらの数字が本当に信頼できるものであるなら、今後これを投入しても六〇〇〇億円の便益が得られることになります。ならば、これは中止すべき案件ではありません。これが世界標準の判断です。

しかし、ここにあげた数字はあくまで国土交通省が出したもので、その後計画はさらに変更され、工期も延びています。この先まったく違う数字が出てきた場合は、違った結論になることも当然あります。しかし、現在示されている数字を前提にすれば、八ッ場ダムは中止すべき工事ではないということです。

いずれにしても、これまでの議論では数字があまりにも少ない、というよりも数字を抜きにして、マニフェストに書いたからとか、地元はダム建設に翻弄された被害者だとか、本筋から離れた議論ばかりです。国交省に包み隠さず数字を出させ、その上でこれまでかけた費用をサンク・コストにすべきなのか、それとも追加の費用を投入してもしかるべき便益を得るべきかを検討すべきです。

先ほどコスト・ベネフィットという意味では企業も公共事業も同じだと書きましたが、説明責任という意味では両者はまったく違います。起業家が投資をする場合は、経営者の勘で一発勝負をする、ということはありえます。すべては自己責任だからです。

しかし、公共事業は国民から集めた税金で行っている以上、費用と便益を数字で説明しなければなりません。工期が長期化するなかで前提となる数字が変わったのならあらためて検討を加え、それを説明しなければなりません。まして多額の費用をかけたにもかかわらず中止するというのであれば、その説明責任は重大です。マニフェストに書いたから、というのなら、なぜそう書いたのかを説明すべきです。

前原誠司国交大臣は、八ッ場ダムと川辺川ダムだけではなく、全国のダムを見直すといっています。その場合も、マニフェストに書いたからではなく、普遍性のある数式を提示して数字をそこに当てはめ、得られる便益が一定基準に満たないものは中止する、といったような説明をすべきです。それが世界標準なのです。

日本橋の景観修復工事の例

かつて小泉純一郎元首相が日本橋の上に架かっている高速道路を取り払って、往時の風情を復活させようという提案をしたことがあります。地元日本橋界隈では大歓迎で、いまでもその議論が盛り上がっているようです。

私はこれに賛成でも反対でもありません。ただ、この話を聞いて考えたのは、誰が金を出すのかということです。時の総理大臣が提案したということは、国の事業として行うということでしょうか。とするならば、大いに疑問です。日本橋周辺の景観を修復することで便益を受けるのは誰でしょう。どう考えても、これはその地域に住む人やここで商売をする人たちです。そのために国の予算を支出するというのは、いかがなものでしょうか。

でも、これを地元が行うというなら、それには大きな意味があります。実は、ダムのような公共事業も、国ではなく地元が主体でやったほうがいいのです。

この八ッ場ダムも国交省が直轄事業でやっているために、地元としては費用と便益の関係などがさっぱりわからない状態になっています。すべて国交省が立案し、管理してきたために、地元にとっては天から降ってきたような話なのです。日本橋の事業も、国主導で進めれば、同じようなことになるかもしれません。

しかし、もし日本橋上の高速道路を架けかえて、その高額な工事費用に見合う便益が地元にあるならば、地元主体の公共事業としてそのための起債（債券の発行・募集）をし、資金を集めてやることも可能なはずです。そんなことができるのかと思われるかもしれませんが、国の事業も結局は国債を発行してやっているのです。その主体が国から地元にかわるだけで、しかも起債して得た資金の使い道は明確です。

これに対して、「景観をお金にかえられるか」という反論もあるでしょう。しかし、それをいうなら、その景観を見られない人からお金を取ることはできないはずです。国の事業で架けかえ工事をするということは、そういう負担も強いることになるのです。

地方分権とレベニューボンド

ここにはふたつの論点があります。

まずひとつは地方分権です。八ッ場ダムも、本来は地域の治水、利水がテーマの事業でした。地域といっても群馬県吾妻郡ではなく、利根川水系に関わる関東六都県のことです。ここに本当に二〇〇〇億円の費用を投入して六〇〇〇億円の便益があったのなら、この関東六都県が主体になってやれば充分に収益の上がる事業になったでしょうし、地域住民との軋轢《あつれき》もこれほど深刻にならなかったはずです。特定地域のための事業は地方でやるほうがいい、というのは現在ひろく認識されています。

もうひとつは、事業を進める手段としてのレベニューボンド（revenue bond）、すなわちレベニュー債、という考え方で、先ほどの日本橋の例で説明したものです。

これは、地方自治体などが特定の事業について発行し、その事業から得られる収入（レベニュー）でそれを償還する債券のことです。海外ではすでに多くの成功例があり、世界標準になろうとしています。

国交省が当初計算したとおり、八ッ場ダムの便益が六〇〇〇億円でコストが二〇〇〇億円なら、このレベニューボンドは確実に成功します。

また、実際にレベニューボンドを発行することになり、これは儲かりそうだということになれば、投資家は本当に六〇〇〇億円の収益があるのかを真剣に検討します。もちろんコストの部分についても、本当に二〇〇〇億円で賄えるのかを厳しくチェックすることでしょう。そうでなければ、最悪の場合、この債券は償還されないかもしれないのですから。

つまり、ここでもっとも厳しい「事業仕分け」が行われることになるのです。そして、この債券が売れるということは、オープンな形で関係する人びとのチェックを受けるということですから、そこには民主主義と金融の原理が貫かれることになります。

これは、公共事業の仕組みのなかに市場の原理を組み込むということです。こうすることで、国から地元への一方通行ではない、地元が主体となった事業となるので、八ッ場ダムのような数十年にわたる混乱もなく進めることができます。八ッ場ダムの場合でしたら、利根川水系に関わる関東六都県の自治体が事業体を設立して、そこがレベニューボンドを発行するという形が自然でしょう。

公共事業は国がやるものではないか、という意見をもつ人もあるでしょうが、国が行う公共事業も結局は国債を発行してやるのです。それならば、目的が明確な債券を発行して資金を集め、関係するすべての人にオープンな形にして事業を行うほうが、よほどすっきりします。中央の役人や政治家が介入し、推進するにしても中止するにしても住民に対して満足な説明ができないほうが、はるかに問題が大きいというべきでしょう。

地域のことは地域でやる。これはいまや世界標準になろうとしています。そこには、住民ニーズの多様化や環境重視の視点が大きく影響しています。

本書では、こうした観点から新聞やテレビで話題になっているテーマを俎上に載せ、分析することを目指します。

日本の大問題が面白いほど解ける本　目次

編集協力　福井信彦
イラスト・図版　飯箸薫

第1章　民主党の政策の大問題

タカハシ先生に聞いてみよう1

高速道路無料化が天下の愚策のわけ

無料化は世界の常識ではない

高速道路無料化については、すでに一般の人びとのほうが馬鹿げた政策だと気付いているのではないでしょうか。これについても、私のスタンスは世界標準から考えるということです。まず他の先進国ではどうしているかを見てみましょう。すると、高速道路を無料にしている国はゼロではありませんが、非常に少ないことがわかります。

私は、公共サービスについて、対価を取ることが技術的に可能ならば、取るほうがいいと考えています。なぜなら、それによって利用量のコントロールが可能になるからです。アメリカでも、とくに東海岸の交通稠密《ちゅうみつ》な地域では、ピーク・ロード・プライシングといって、激しく混雑するところは料金を高くする政策が採られています。

アメリカの高速道路については誤解があります。いわゆる「フリーウェイ（freeway）」というのは、立体交差になっていて交差点等でストップすることから解放（フリー）されているという意味であって、料金がフリー（無料）ということではありません。アメリカの高速道路にはたしかに無料区間もありますが、決してすべてが無料ではないのです。

ヨーロッパでも、アウトバーンは無料だといわれますが、現在は環境対策などを理由に有料化政策が進んでおり、二〇〇五年からは大型トラックが有料化されました。

アウトバーンの場合、ナチス政権下の失業対策として行われ、一九三〇年代にその基本的な工事は完成しています。さらに、戦中の空襲などで破壊された部分も戦後早期に補修されたので、その建設費はとっくに償還されているという特殊な例です。

他のヨーロッパ諸国では、方式はさまざまですがほとんど有料です。そのためにドイツ以外の国の人びとが「アウトバーンは無料なのに……」と始終愚痴っており、それでことさらに知られることになったようです。

ＥＴＣをもっと上手に活用すべき

かつては、道路料金を細かく設定して徴収するのが難しかったのはたしかなことです。ネットワークでつながっている道路上でその都度対価を取ろうとすると、料金所ばかり増えて通行の阻害になるからです。この点、現在はETC（道路通行料自動徴収）システムという技術によってこの問題が解決されました。

このETCも、ピーク・ロード・プライシングも、その目的はスムーズな通行を実現することにあります。つまり、高速道路は早く着くことが目的であり、そのためのサービスに応じて対価を取ることが原則です。なにしろ「高速」なのですから。

しかし、そうした政策を採っている先進国の水準から見ても、日本の高速道路料金が高いのは事実です。だから安くできるとは思いますが、ゼロにするという選択肢はありません。料金設定は、よりきめ細かくしたほうがピーク・ロード・プライシングの効果が高くなります。そのためにも海外ではETCが活用されています。現在イギリスでは、Pay As You Drive（走った距離に応じて支払う）というシステムの導入が図られていますが、これもETCの一種を利用したものです。

国交省がゆがめたETCの普及

今後も活用の余地が期待されるETCですが、日本の場合、国土交通省が不当に介入することでその普及がゆがめられています。

二〇〇九年春から、ＥＴＣ搭載車にかぎり週末の高速料金を一律一〇〇〇円にするという政策が、緊急経済対策として実施されました。このとき多くの国民から、なぜＥＴＣ搭載車にかぎるのか、という疑問や反発が起こりましたが、ここには官僚の利権拡大の思惑がはたらいていたのです。

実は、ＥＴＣを管理運営するのは、道路システム高度化推進機構という財団法人で、当然のことながら国交省の天下り先です。緊急経済対策の名のもとにこれを普及させればこの財団法人は潤い、天下り先の強化になるというわけです。

さらにこのとき、「ＥＴＣ車載器新規導入助成」という施策が行われました。多くの人がこれを目当てにカー用品店に行列する光景がテレビに映し出されたのは、まだ記憶に新しいところです。この助成は総額で五〇億円にのぼりますが、これを仕切っているのが高速道路交流推進財団という、これまた国交省の天下り先です。

このとき、国交省の道路族は、ＥＴＣの普及と助成というふたつの緊急経済対策にのって、まさに往復ビンタのような形で利権拡大を行ったのです。

もうひとつ指摘したいのは、日本のＥＴＣ機器の値段の高さです。たとえばアメリカでは、クレジット会社などが無料で取り付けてくれる場合がありますが、これはそれくらい廉価だということです。日本の機器が高いのは、役所が実態に合わないハイスペックな規格にしたからですが、その機能の九五%は誰も使ったことがないといわれています。たとえば、車の中にいながら買い物の決済ができる機能も含まれているようですが、誰も利用しませんね。車外に出て買い物するわけですから。

機器を高額にしておいて、普及には国民の税金を助成金として支出する。こんな馬鹿なことをしているのが、日本の中央官庁です。

ETCにまつわる利権をなくせば、もっと安くして普及させ、交通政策に利用できるのに残念です。ベストは、国がETCを無料で配布し、民営化された高速道路会社がそれを活用して混雑が起きないような料金を決めることでしょう。ただ、民主党は、道路料金にまで口をはさむ「大きな政府=介入主義」なので、そうした方向にはいかないでしょう。

環境とバランス

これは私が指摘するまでもなく、現在のように国民の環境意識が高まっているなかで、必要以上に自動車の活用を推進し、渋滞を増加させ、二酸化炭素をまき散らす政策が多くの支持を受けるはずがありません。国民はそれほど馬鹿ではありません。

若者の気質が変化して車離れが起こっている、などといわれていますが、これだけ環境論議が高まってくれば、若者ほどこの問題に敏感になるのは当然のことです。実際、高速道路無料化政策を支持しないのは、圧倒的に若者と女性です。民主党の政策感覚を疑わねばなりません。

交通経済政策としても、これは愚策です。さまざまな交通手段が展開されているなか、もっともしてはいけないことは、個別の交通手段に対して価格介入することです。とくに、無料化や上限二〇〇〇円の割引は、長距離の道路輸送をあまりに優遇しすぎるので、鉄道や海運から自動車へのシフトが起こるでしょう。フェリー業界やＪＲ関係者から苦情が出るのは当たり前のことです。世界の環境・交通政策とまったく逆行しています。

しかも渋滞が増加して困るのは、高速道路をスピードアップのために利用しているトラック業者であり、トラック輸送の恩恵を受けている利用者です。民主党は社会実験としてこれを行うとしていますが、すでにシミュレーションだけで多くの結果はわかっているのではないでしょうか。

タカハシ先生に聞いてみよう2

民主党の政策、「財源不足」じゃないの？

自民党の「財源不足」批判はナンセンス

自民党は自らの大敗を覚悟した二〇〇九年の総選挙中、民主党のマニフェストに対して「財源不足だ」という批判を繰り返していました。おそらくその知恵袋は財務省あたりでしょう。しかし、政権交代を目指している野党（民主党）に対してこんな批判を浴びせても虚《むな》しいばかりです。なぜなら、野党は与党の予算などはじめから念頭にないからです。

政権交代を目前にした野党に対して「財源論」を持ち出すのは、自らの既得権にしがみつこうとする行為にほかなりません。しかし、政治家はしがみつこうとしても、政権から離れてしまえば何もできません。それができるのは、政権が代わっても行政の中枢にいつづける官僚だけです。結局、自民党の政治家は、官僚たちに財源論をいわされていたのです。

その一方で、財務省にはひとつの格言があります。それは「予算はかならずつくれる」というものです。どんなに予算折衝がこじれても、最後の最後にはかならず予算は仕上がります。

その主な手段は、①赤字国債を出す、②埋蔵金を使う、③予算を組み替える、の三つに集約されます。

政権交代とは、まさに予算の組み替え

まず、赤字国債を出せば、どんな予算でもできてしまいますが、さすがにこれは世論の風当たりが厳しい。いまや、国と地方の借金を併せると八〇〇兆円超、子ども、孫の世代にツケを回すな、という財務省のプロパガンダもかなり浸透しています。

次に、埋蔵金については、官僚の抵抗はまだまだつづくでしょう。私は「埋蔵金男」などと呼ばれましたが、実はこの「埋蔵金」という絶妙なネーミングの発案者は当初その存在を真っ向から否定した与謝野馨氏です。霞が関とのパイプの太さを誇示してきた与謝野氏は、補助金の一括交付金化や特殊法人等の原則廃止等により総額一五兆円の財源捻出を掲げる民主党の政権公約と、「増税の前に経済成長を」との自民党内の上げ潮派の主張に対し、自ら

が会長を務める自民党財政改革研究会の中間報告で、「〝霞が関埋蔵金伝説〟の類いの域を出ない」と切って捨てたのです。

それにしても「埋蔵金」とはみごとに言ってのけたもので、まさにその性格を一言で的確に表現しています。

この与謝野氏の発言に対して、ある明確な事実を以て反証したのが私です。「明確な事実」とは、私がキャッシュフロー分析を用いて算出した特別会計のバランスシート（貸借対照表）でした。バランスシートは、企業や団体の資産と負債を明らかにする財務諸表のことです。

かねてから特別会計が不透明という指摘はされてきましたが、特別会計そのものは正式な国の予算であり、基本的には一般会計と同じチェックや手続きが行われてきました。ところがバランスシートはそれまで公開されてこなかったのです。これを明らかにすることによって、それぞれの特別会計にはかなりの額にのぼる積立金や準備金があることが判明しました。これがそれまで「存在する、いやしない」とまるでUFOか幽霊のように語られてきた「埋蔵金」なるものの真の姿でした。

そして、これまで現実に四〇兆円もの埋蔵金が発掘されてきました。さすがに、無尽蔵にあるわけではありません。でも、「ない、ない」といいながら四〇兆円も出てきたのですから、イヤになってしまいます。いや、本当は良いことかもしれませんけど。

日本では政策について理念や法律論に基づいた議論はされますが、予算に関わる問題ですら、なかなか数字の議論が出てきません。与野党を含めた政治家もそうですし、財務省をはじめとする霞が関の官僚たちですら同様です。与謝野氏が埋蔵金の存在を一言のもとに否定できたのも、こうした政治風土が背景にあったと思います。どうせバレっこないという思い込みです。しかし、数字を丁寧に追いかけていけば、真実はかならず見えてきます。

こうした一連の行動によって、私は「霞が関すべてを敵に回した男」などともいわれました。私を敵と考える人がいるのは仕方ありませんが、明言しておきたいのは、私には政治的な思惑や信条などは一切ないということです。私がその存在を明らかにした「埋蔵金」についても、正邪、善悪で語るつもりはありません。それを議論するのは国民であり、より具体的には選挙によって国民から負託された国会議員の皆さんです。私は、よりクリアでより効率のいい議論の材料を提供したにすぎません。

財務省は、〝ある〟埋蔵金（財政融資特別会計）については国債償還のために使うと説明しています。それはそれでいいでしょう。しかし、〝他の〟埋蔵金（財政融資以外の特別会計）については何もいいません。もし〝他の〟埋蔵金について、国民の支持があれば、それを使うことは否定されないはずです。

さて、埋蔵金に頼らない予算の組み替えは、民主党がかねてから主張してきたことであり、これこそ予算編成の王道です。政権交代とは、まさに予算の組み替えにほかなりません。これがあるからこそ、既得権益者である自民党と官僚組織は一体となって財源不足論を展開したのです。しかし、先の総選挙で国民は政権交代を選択しました。つまり、国民は予算の組み替えを求めたのです。そして、それは当然のことながら政治主導でなければなりません。

必要なのは〝政治主導〟のシーリングだった

ところが、民主党は政治主導に固執するあまり、予算編成の重要な手順を脱落させてしまいました。それが、概算要求基準（シーリング＝予算の上限）の廃止です。

鳩山由紀夫首相は、二〇〇九年九月二八日、連立を組む社民党、国民新党と協議したうえで、各省庁に対し概算要求の出し直しを指示しました。そしてその際に、前政権が決めたシーリングを廃止したのです。前政権のシーリングを廃止したのはいいとしても、なぜ鳩山内閣としての新たなシーリングを示さなかったのでしょう。結果的にこのことが、概算要求額九五兆円超という事態を招き、本来はナンセンスであった自民党をはじめとする財源論者につけ入るスキを与えることになったのです。予算組み替えができなかったのは、民主党の未熟さゆえです。

このとき、各省庁に提出を求めた期日は一〇月一五日。指示を出した二八日を含めても一八日しかありません。これではいくら大臣、副大臣、政務官の三役が頑張っても、マンパワーが勝負の予算編成で抜本的な組み替えは不可能です。結局、麻生太郎政権時の概算要求に民主党がマニフェストで示した公約を上乗せする形になってしまいました。

前政権のシーリングを否定したいというのは、心理的には理解できます。しかし、シーリングというタガを無視したことには、予算編成の具体的な作業量と霞が関の行動原理に対する無理解があったと考えざるをえません。

その伏線は、実は民主党が政権移行チームをつくらなかったことに見られます。

政権交代というのは、大変な作業を伴いますから、八月三〇日の総選挙直後に、民主党は政権移行チームを作らなければならなかったのです。実は民主党の中でもその準備は進められていたのですが、内閣人事に支障が出るという小沢一郎幹事長の鶴の一声によって、作らないことになったのです。

政権移行チームができていれば、役所から自公政権下での予算要求をしっかり聞き、その段階で「予算の組み替えによる要求」ができたはずです。政権移行チームがないので、新政権での予算要求は、二〜三週間は遅れたでしょう。

これに加えて、九月二八日には、年内編成という指示も出ました。しかし、政権交代があったのですから無理することはなかったのです。越年してもかまわなかったと思います。次の年（二〇一〇年）の一月下旬の通常国会に間に合えばいいのですから、予算書の印刷などを考えても、一月上旬までに仕上げれば充分です。そのほうが、新年も一生懸命仕事しているというアッピールができて、むしろ良かったのではないでしょうか。

現在のところ、既得権益のなかで生きてきた官僚の多くが新政権の抵抗勢力であることはたしかです。しかし、そんな官僚たちでも、政権から「シーリング」を明示された場合、それを無視した予算は絶対に組めません。シーリングというタガのなかで、彼らは必死になって「組み替え」作業を行うはずです。そして、そのなかで自分たちの生き残りを模索するのです。それが霞が関の行動原理なのです。民主党は、この官僚たちのやり方に不安を抱いたのかもしれません。しかし、その代償は編成作業の大混乱でした。

結局「政治主導」と「前政権のシーリング否定」にこだわった民主党の姿勢は、タガの外れた予算という大失点につながりました。

しかも、マイナス点はそれだけではありません。結局、概算要求を削るための事業仕分けや過去最大となった国債発行額の抑制において、財務省に大きく依存せざるをえませんでした。つまり、財務省に借りをつくったのです。このことは、政権の将来に禍根《かこん》を残すことになるかもしれません。

タカハシ先生に聞いてみよう３

「子ども手当」はバラマキなのか？

まさに「組み替え」が必要だった「子ども手当」

前の項目で予算の組み替えに触れましたが、その拙劣さがみごとなまでに露呈したのが、「子ども手当」です。

「子ども手当」は、初年度となる平成二二（二〇一〇）年こそ一人月額一万三〇〇〇円ですが、次年度からは満額の月二万六〇〇〇円が支給されることになっています。すると年額では三一万二〇〇〇円、対象となる子どもの数は約一七〇〇万人なので、年間では五兆三〇〇〇億円という巨額に上ります。

これは、民主党がマニフェストで約束した「子ども手当」という新しい政策である、ということになっていますが、これまでも「児童手当」というものはありました。ただし、この「児童手当」は小学生までの支給であり、しかも支給される金額は五〇〇〇円から一万円でした。しかし、金額や支給年齢は異なるものの、次世代育成支援策としての「手当」はこれまでも存在したのです。

この点について民主党は、「子ども手当」は「社会全体で子育てをする」という「思想」に基づいたものであり、その点で従来の施策とはまったく違うと主張しています。したがって所得制限も設けないし、あくまでも児童手当を廃止して、新たに「子ども手当」を創設するのだという建前を押し通そうとしました。この教条的な姿勢に、私などはかなりの違和感を覚えます。

彼らの「思想」を脇に置いて平たく考えると、支給年齢が小学生から中学生にまで拡大され、金額も大幅に拡充されたという点が「児童手当」と異なるところです。逆にいえば違いはそれだけなのです。つまり、「思想」を別にすれば、支給年齢と金額が拡充された「児童手当」と捉えても何の不都合もありません。少なくとも一般国民にとっては。

では、ほぼ一兆円の予算規模だった「児童手当」がどのように配られていたのかを見てみると、このうち七〇〇〇億円は都道府県と市町村で出しており、国からの支出は三〇〇〇億円でした。予算編成の実務を知る人であれば、初年度の「子ども手当」二兆六〇〇〇億円にこの一兆円を利用しないはずはありません。

残りの一兆六〇〇〇億円は、扶養控除（所得税、個人住民税において、納税者に扶養親族がいる場合、その人の所得金額から一定の所得控除を行うもの）と配偶者控除（同じく所得税、個人住民税において、納税者に収入のない、または少ない配偶者がいる場合、その納税者の所得金額から一定の所得控除を行うもの）を廃止することで、ほぼ調達できます。

ところが民主党は、「いや、思想が違う」と主張し、あくまでも児童手当は廃止。新たに「子ども手当」を創設する建前を貫こうとしました。そのため、予算編成の途中で、初年度の二兆六〇〇〇億円の確保にすらアップアップすることになったのです。

児童手当の廃止で大喜びしたのは、都道府県と市町村です。年間七〇〇〇億円の負担から解放されるのですから、当然といえば当然です。

多少でも予算編成に携わったことのある人なら、こんな馬鹿げたことはしないはずです。予算の組み替えという大仕事に取り組むつもりなら、さらに「知恵」が要求されます。こんな拙劣なやり方では、先が思いやられます。

もうひとつ考える余地があるとすれば、地方が負担していた七〇〇〇億円の扱いについて、所管官庁である総務省と何らかの知恵を出し合う、ということでしょう。その場合には厚生労働省から総務省に対して働きかけることになるはずですが、そうした動きはまったく見られませんでした。

「思想」や「建前」だけで、利害が複雑に錯綜する予算編成の実務を乗り切れると考えるなら、まさに素人発想といわざるをえません。

結果的に、やはり地方負担は基本的には変わらず、地方はぬか喜びでした。「思想」なんかでやろうとしても、現実の予算は組めるものではありません。予算編成中のあの空騒ぎは、一体何だったのでしょうか。

「子ども手当」は世界標準の政策――「支出歳出」から「租税歳出」へ

「子ども手当」という政策は、財源論批判の象徴として自民党などからやり玉にあげられてきました。また、「国民にカネをばらまくのか」という倫理面からの批判も聞こえてきます。しかしこれを世界標準で見ると、金額は別として、ほとんどの先進国で行われているきわめて普通の政策なのです。

いまになって、カネをばらまくのはけしからん、といっている人たちは自公政権下での定額給付金についてはどう考えていたのでしょう。あれなども、実はＯＥＣＤ（経済協力開発機構）からは評価の高い政策でした。世界的に見れば普通の政策だからです。

予算の分類には、「支出歳出」と「租税歳出」という考え方があります。「支出歳出」は予算の使い方を政府が決めるもので、日本はこれが七割から八割です。一方「租税歳出」は、減税や給付金のように国民に使い方を任せるもので、ＯＥＣＤ加盟国の標準はこれが七割方を占めます。つまり、日本の場合、官僚主導の「支出歳出」に偏った予算になっているのです。「子ども手当」は、この流れを変えることに寄与する可能性があります。

たとえば年間五兆三〇〇〇億円の「子ども手当」は、文部科学省の年間予算に匹敵します。こう書くと大変な額であることが実感されますが、額の話は最後にあらためてするとして、少し考え方をかえてみましょう。

学校教育に関わる文科省の予算は、文科省や教育委員会を通じて学校に配られる「支出歳出」であるため、学校関係者の顔はつねにこれらの役所にばかり向けられています。これを、たとえば義務教育児童を持つ家庭への給付金として「租税歳出」にあらため、各家庭から学校に支払う形にすれば、学校関係者の顔は現在よりももっと各家庭のほうを向くようになるでしょう。それは、やがて学校経営の改善につながるかもしれません。

農業政策についても同様のことがいえます。これまで農林水産省が各県の農政課や農協を通じて配ってきた補助金よりも、個別農家の工夫や努力を助成する直接給付金のほうが、将来の農業経営者育成の面からも大きく期待できます。税の流れを変えることは、こうした大きな社会的変化をもたらすのです。

先ほど私は、「子ども手当」への組み替え予算項目として配偶者控除と扶養控除をあげましたが、これはともに「租税歳出」に当たります。しかし、いずれも所得税からの控除なので、所得税が払えない世帯や納税額が少ない世帯には恩恵がありません。

その意味では、「子ども手当」の「(この)手当を支給することにより、次代の社会を担う子どもの成長及び発達に資することを目的とする」という政策目的にはそぐわないので組み替えの対象になります。

ただし、配偶者控除はサラリーマン世帯の減税を目的とした所得税控除であり、「子ども手当」の次世代育成支援という目的とはその趣旨や目的が違います。趣旨や目的が違うものを、単に数字合わせのために組み合わせることを政治の世界では「筋が違う」といいます。

こんな筋違いのことをするくらいならば、先に述べたように教育委員会や学校に割り当てられているもろもろの予算を「子ども手当」に組み替えるほうが、よほど本来の趣旨に沿っているといえそうです。二〇一〇年の「子ども手当」予算に、それらの予算を加えれば、五兆円には達しないけれど、立派な「子ども手当」といえるでしょう。

その上で、全額を現金で渡すのではなく、一部はバウチャー（たとえば授業料にしか使えない商品券のようなもの。１７５ページ参照）にすれば、より効果的でしょう。

タカハシ先生に聞いてみよう4

民主党には成長戦略がないけど大丈夫?

産業政策は一度も効いたためしがない

財源論とともに自民党サイドから最近聞こえてくるのが、民主党には成長戦略がない、という批判です。成長戦略とは何かと思っていたら、どうやら自民党と霞が関が過去五〇年にわたって続けてきた産業政策のことのようです。

しかし、いまや先進国ではこの産業政策というのはほとんど行われていません。当然です。政府が特定の産業に肩入れをすることは明らかな不公平だからです。それよりも予算配分はあくまで公正中立にし、産業界のことは市場のメカニズムに任せる、というのが先進国の常識です。

私はこの産業政策について、二〇年くらい前に論文を書いています。内容は、それまで異様に高い評価がなされてきた、通商産業省（現・経済産業省）などの主導によるいわゆる「産業政策」について検証したものです。これを詳細に調べていくと、実はそれほどの成功を収めているわけではないことが明らかになってきました。

もちろん、なかには成功を収めた例もありますが、それが本当に官主導の政策によってもたらされたものかは疑問です。また、多額の税金が投下されたわりには、打率が低いといわざるをえません。

一九八〇年代に日米貿易摩擦が深刻化するなか、チャーマーズ・ジョンソンなどのアメリカ人日本研究家が「護送船団方式」などのキーワードで、日本の経済施策が非民主的で非先進国型であると批判しつつ、必要以上に日本の産業政策を持ち上げたのです。また、城山三郎氏の小説『官僚たちの夏』もこれに貢献したかもしれません。それから三〇年が経過し、まだこの不毛な政策を続けたい人びとが日本にはいるのです。

成長戦略の名のもとに、特定産業分野への肩入れを予算化し、そこに特殊法人をつくって霞が関は天下り先を確保する、政治家は票田を押さえる、という構図が日本では長く続いてきました。しかし、いまや国民の多くはこの仕組みに気付いていますし、何よりもそれは限界を迎えているのです。

ハローワークを国でやる必要はない

最近になって厚生労働省が大きすぎるという議論が出てきました。多くの人は、厚生労働省といえば霞が関の本省をイメージすることと思いますが、実際にはそのほとんどが地方にいます。社会保険庁と労働基準監督署を併せると、数万人の規模になります。

実は私も民間に移ってから失職したので、はじめてハローワークに行きました。そこで実感したのは、あれを国でやる必要はまったくないということです。しかもその窓口サービスのレベルは低劣きわまりないものです。

一般の人には意外なことだと思いますが、実は公務員には雇用保険がありません。そもそも失業という概念がないのです。分限免職や懲戒免職も実際にはほとんどありませんし、なにより公務員には天下りがあります。私はもちろん天下りをしなかったので、ハローワークに行きましたが、おそらく国家公務員でハローワークに行った経験がある、きわめて珍しい例だと思います。そして、もし公務員がハローワークを利用したなら、誰でも私と同じ感想を持つと思います。

まず私は飯田橋に行きました。まずここがわかりにくい。ここには厚労省のハローワーク飯田橋のほかにも、東京都がやっている東京しごとセンターという施設もあり、私も最初は東京都の方に行きかけました。さいわい教えてくれる人がいて、無駄足を踏まずにすみましたが……。

そもそも私は気乗りしなかったのですが、勤め先だった大学から行くようにいわれて渋々出かけたのです。ここで見た職員の横柄な態度には怒りを通り越して呆れ果てました。他の窓口でも、保険手当を巡って怒鳴り合いをしている人を何人も見ましたが、利用者が怒るのは当然です。

雇用保険に入っていれば失業中に手当が支給されるわけですが、窓口の職員のほとんどが利用者に対して「おカネをあげる」という態度なのです。これは勘違いも甚だしいことで、本来雇用保険の加入者はハローワークにとってお客様です。民間の仕事であんな態度をとっていたら、窓口の職員がたちまちハローワークのお世話になることでしょう。

まず驚いたのが、私の住所の場合、窓口はここではなく池袋だというのですが、そんなことは事前には知らされていません。なによりも、このＩＴ時代に窓口サービスがどこででも受けられるようになっていないことが信じられません。今どきこんなサービスがあるでしょうか。

驚いたり呆れたりしながらも、池袋までは私も行きました。すると、ここの窓口はさらにひどいものでした。不正を防止するためだと思いますが、きちんとした書類を準備する以外に、信じられないような不快な質問をいくつもされます。これではまるで我慢大会です。しかも次は何時《いつ》に来いということをハローワークが決めて指示してくるのです。これも来なければ支給しないよ、という態度があからさまです。結局、これ以上ハローワークに行くことはありませんでした。

こうした窓口業務にせよ、求人情報の提供にせよ、民間企業ならはるかにレベルの高いサービスが提供されるでしょう。厚生労働省は即刻市場化テストを行い、民営化を目指すべきです。

そもそも、なぜ国がハローワークを運営する必要があるのでしょうか。国のハローワークでも地域ごとに窓口があります。自分の住んでいる自治体が運営していれば、私のようにお門違いの飯田橋に行ってくださいともいわれずにすみます。

こういうと、雇用保険の運営は国でしかできないという反論が出てくるでしょう。でも、それもちがいます。雇用保険なら、地方でも運営できます。地域によって雇用状況がちがうのですから、逆に地方で運営したほうがいいでしょう。

さらに、国が運営している今の雇用保険は、保険とは名ばかりで保険数理が使われていない、デタラメな経理になっています。文系ばかりの官僚は、こうした数理的な話にまったく無頓着です。無頓着というより、デタラメな保険料を設定して、国民から余分にお金を巻き上げ、それを天下り団体に使っているのですから、そのほうが都合がいいのでしょう。

雇用保険で巻き上げたお金は、雇用能力開発機構などの天下り団体でムダ使いされています。その典型的な例が、五八一億円の建設費をかけ、毎年一〇億円の赤字を垂れ流し、わずか六年で閉館した「私のしごと館」です。そんなことするくらいなら、ハローワークも雇用保険も地方に移管して、保険料計算は民間でやってもらうほうがいいでしょう。

タカハシ先生に聞いてみよう5

周波数オークションは儲かるの？

産業活性化と財源確保の一挙両得

周波数オークションという言葉に馴染みのない方は多いかもしれません。というのも、日本ではこの言葉そのものが一種のタブーになっているからです。日本のテレビ放送では、ほとんど登場しない状態になっています。

周波数オークションは、一九九〇年代半ばにアメリカで始まり、その後ヨーロッパなどでも次々に導入されました。オークションの名のとおり、周波数帯域の利用免許を、競売で電気通信事業者に売却し、事業を行わせるものです。

いまや先進国を中心に世界中で行われている周波数オークションを日本だけがやらないことは、国民の財産を空費しているのと同じことです。

最初にこれを行ったのは、アメリカのＦＣＣ（Federal Radio Commission）という組織ですが、多くの先進国では電波に関する行政をこうした独立行政委員会が行っています。言論や報道に関わる権限を時の権力からできるだけ切り離すための工夫です。日本ではこれを旧郵政省＝現総務省が行っていますが、海外からは参入障壁になっているという不満も含めて、日本版ＦＣＣ設立が求められています。

日本版ＦＣＣへの評価は別として、電波割り当て制にこだわる日本の電波行政が、いまや世界でもきわめて特殊であり、民間の活力も活かせず、同時に電波という国民共有の財産の有効活用もできていないことはたしかです。日本の携帯電話産業が優れた先進技術を持ちながら〝ガラパゴス化〟などと揶揄《やゆ》されているのも、こうした電波行政の後進性によるといわれています。

現在もっとも活力のある産業分野のひとつが、携帯電話やモバイル・インターネットなどの移動体通信です。この分野の技術はまさに日進月歩であり、次々に新しいサービスやデバイスが開発され、新しいビジネスが誕生しています。いまや多くの先進諸国でこの分野の競争力を高める努力をしているのです。周波数オークションは、競争を促進し、ビジネスを活性化する大きな武器となります。

このように技術開発やサービスが進化を続ける一方で、いまのところ電波は有限な資源です。これを利用して新しい財源とすることは、政府として当然のことです。

現在アメリカでは、年平均の電波利用料収入が約二四〇億円であるのに対し、周波数オークション収入は年平均四六〇〇億円にのぼるほか、放送局の免許もオークションの対象となっています。イギリスでも電波利用料収入は約二一三億円ですが、周波数オークションの収入は年平均二二五〇億円です。一方、日本では、電波利用料収入は六五三・二億円（平成一九年度）ですが、周波数オークションの収入は当然ゼロです。

民主党はマニフェストに、日本版ＦＣＣの創設と周波数オークションの導入を明記しました。ところが、総務大臣に就任した原口一博氏は現在のところ、少なくとも周波数オークションに対しては積極的な姿勢を見せていません。

二〇一一年に開放が予定されている三〇〇ＭＨｚについては、時価から予想される収入は、どんなに少なく見積もっても一兆円以上といわれています。子ども手当をはじめとするマニフェストに明記した公約が、いずれも財源不足から実現が危ぶまれるなか、市場原理を活用した新興産業からの新たな財源は歓迎されるはずです。なぜ、行政は後ろ向きの姿勢ばかりを見せるのでしょう。

また、周波数オークションを導入するとともに、いまの電波割り当て政策も見直したほうがいいでしょう。竹中平蔵総務相（当時）の補佐官として総務省に行ってびっくりしたことのひとつが、電波割り当て表です。これを見ると、「イカ電波」なんてものがあります。これは、イカ釣り漁船向けの電波の周波数帯のことです。加えて、各省で電波領域を持っているところが意外に多いのです。しかし、最近のハイテク産業には少ししか割り当てられていません。どう考えても、もう少し成長分野に配分しないとマズイのではないかと思います。電波というのは、貴重な資源です。有効に活用しないと日本のためになりません。

既得権にしがみつく業界と官庁

総務省が周波数オークションに消極的なのは、長らく電波産業を独占してきた新聞社＝テレビ局を中心とするメディア業者と、ＮＴＴを中心とする既存の携帯電話キャリアが反対しているからです。業界の大勢が反対である以上、その利権につながる中央官庁は消極的になるわけです。

とくにメディアは猛然たる反対姿勢で、ある意味で当たり前の話ですが、番組でこれを取り上げることはまずありません。冒頭で示した〝タブー〟とはこのことです。

仮に周波数オークションが導入されても、既存のテレビ局から電波を取り上げてオークションにかけるなどということはありえないのですが、オークションによって新規参入業者＝競争者が登場することを恐れているのです。こうした姿勢のメディアが、一九九〇年代以降、他の業界の市場開放を歓迎するような報道をしているのですから皮肉です。

先ほど、日本の電波利用料収入が六五三億円超と書きましたが、実はその大半は携帯電話キャリアが負担しており、テレビ局が負担しているのはわずかに三八億円です。これに対し放送事業に関わる支出は二百数十億円にものぼります。総務省内ですらこのアンバランスについては不公平を指摘する声があるのですが、それは押さえ込まれています。

現在、総務大臣の職にある原口一博氏は、テレビメディアに多く露出し、そこで人気を得て現在の地位にあるため、こうしたテレビ局の既得権に立ち向かうことができないのだ、と指摘する人もいます。もし本当にそういうことなら、困ったことです。メディア内部の人に期待しても無理なので、行政官庁が毅然とした行動をとることが求められているのですが、はたしてそれができるでしょうか。

オークションの導入によって新規参入者が現れるのを恐れているのは、既存の携帯電話キャリアも同様です。NTTおよびNTT労組はともにこれに反対しています。オークションが導入されるとオークションに投じた資金はやがて利用者に転嫁され、結局料金値上げにつながるというデマもどこからか流れてきています。欧米ではオークション導入から一五年が経過していますが、競争による値下げはあっても値上げはほとんど起きていません。

もちろん、オークションを導入すると、いろいろなことが起こります。いいことばかりでなく、新規参入者がすぐに撤退するようなこともあるでしょう。オークション導入に反対する既得権者は、そういう上手くいかなかったことだけを強調します。総務省の役人も、そうした一方的な資料集めばかりをしているのです。

日本の放送事業については、利用者に一方的な負担を強いる地デジ移行に対しても批判の声が大きくなっています。一部には、周波数オークションで得た収入で国民に地デジチューナーを配るべきだという声もあります。地デジチューナー自体は安価なものなので、実際にそういうことが行われている例もあります。

デジタル放送については、日本独自のシステムであるＢキャス（Ｂ‐ＣＡＳ）方式についても問題が指摘されています。

これは、本来有料のＢＳデジタル放送のための限定受信システムだったのですが、著作権保護を目的に無料の地デジにも応用されました。しかし、株式会社ビーエス・コンディショナルアクセスシステムズという一民間企業が独占的にこの事業を行っていることから、公正取引委員会からも独禁法違反の疑いで事情聴取されたり、さまざまな利権の温床になっているという指摘を受けるなどしています。

話を元に戻しますが、電波事業のように、現在もっとも成長が期待されている産業分野において、さまざまな既得権益の保護のために不必要な規制が横行していることは、その分野の発展を阻害するだけでなく、利用者の権利も阻害していることになります。

また、現在行われている、東京のキー局が全国のローカル放送を支配し、そのキー局をいずれも大手新聞社が支配するという寡占体制にオークションで風穴が開けられることは、地方分権にも寄与すると思います。もちろん世界のニュースも全国のニュースも必要ですが、いま報道や放送に求められているのは、もっと地域に密着した情報です。そうした番組や情報があふれることによって、地方自治に対する住民の関心も高まるはずです。周波数オークションや電波割り当ての見直しというテーマには、そうした広がりがあるのです。

タカハシ先生に聞いてみよう６

借金返済猶予法案（中小企業金融円滑化法）は金融危機を招く？

重要なのは、現状の危機の見極め

国民新党から金融担当大臣として入閣した亀井静香氏が鳩山内閣発足時から意欲を見せていた「中小企業金融円滑化法」が、二〇〇九年一一月三〇日に国会で可決・成立しました。同法は年末の資金需要に間に合わせるため、一二月三日には公布され、翌四日に施行されるというハイスピードぶりでした。

亀井大臣が強い意欲を示す一方で、藤井裕久財務大臣（当時）からは成立を牽制する発言がなされたことから、閣内不一致という批判や、「そもそもこんな法律はありえない」「経営者のモラル・ハザードを招く」等々、さまざまな議論を巻き起こしました。そのため、この法案には「亀井モラトリアム（借金返済猶予制度）」という別名が与えられてきました。

ところが、紆余曲折を経て成立が間近になったころ、実はこの法案の出所は民主党だったという報道が一部から出てきました。銀行出身の中堅議員がその発案者だというのです。亀井大臣の暴走ともいわれましたが、衆議院の財務金融委員会では強行採決までなされましたから、あながちこれも根拠のない話ではなさそうです。

モラトリアムとまでいわれましたが、同法の内容を見ると、当初言われていたような強制的な返済猶予ではなく、条件変更への柔軟な対応を金融機関の「努力義務」としています。同時に金融機関に対しては、定期的に体制整備状況と返済猶予の実施状況を開示・報告させるとしています。

この「亀井モラトリアム」政策を世界標準で評価するなら、危機の際にとる経済対策としては充分に意味があります。しかし、それを行う前提となるのは、現状をどの程度の危機と捉えるかという状況判断です。

四〇兆円超のGDPギャップ

その当時（二〇〇九年第3四半期）、政府が発表していたGDPギャップは約四〇兆円でした（二〇〇九年第４四半期でも三〇兆円）。

ＧＤＰギャップは需給ギャップともいいますが、総需要と総供給との差を表すもので、現在の日本では総供給に対して総需要が四〇兆円不足しているということです。これがあるうちは失業圧力と物価下落が続く、というのが経済学の原理です。

ただ、経済学者の中には、「ＧＤＰギャップの数字はアテにならないから、あまり断定的にいうな」という潔癖症な人もいます。でも、その人に「では、何を見れば良いのですか？」と聞くと、あまりはっきりいってくれません。ＧＤＰギャップの数字には多少の誤差はあるものの、国際機関も公表しているものですので、それで経済を説明するのは良いと私は思っています。

ＧＤＰギャップが四〇兆円あれば、デフレが続くのは確実です。後ほど詳しく説明しますが、「デフレは物が安くなっていい」というのは大変な誤解で、これには調節メカニズムがあまり効かず、むしろインフレよりも厄介です。現在の経済学では、三〜五％までのインフレ率はマイルド・インフレーションといって、一国の経済にとって、ほとんど問題がないというのが、世界共通の理解になっています。

デフレも大変ですが、失業率の面から見るとＧＤＰギャップの拡大はさらに深刻です。

先ほどの総需要とはGDPそのものですが、総供給はその国が完全雇用を達成した場合の生産量——つまり潜在的GDPを指します。ということは、このふたつの数字の開きが大きければ大きいほど、失業している人が多いということになるのです。

現在の日本が、アメリカなどに比べて失業率が低いように見えるのは、雇用調整助成金の強化という緊急経済対策のおかげです。

これは、景気が悪いなどの理由で雇用する労働者を一時的に休業や出向、教育訓練などをさせた場合に、その手当や賃金の一部を国が助成するものです。このおかげで、クビを切られるはずの労働者が相当程度企業内にとどまっていると考えられます。しかし、これは簡単にいえば、企業に代わって政府が給料を払っているのと同じことですから、これがなくなれば、日本の失業率は二〜三%程度高くなると考えられます。

当然、このGDPギャップはなるべく早く縮めなければなりません。通常これは、三年ほどかけて徐々に縮まるといわれていますから、その間の失業を雇用調整助成金などでカバーするのは問題ありません。しかし、それだけでなく、日本の雇用のほとんどを支えている中小企業の経営にとどめを刺しかねない貸し渋りや貸し剥がしに対し、何らかの手を打つことは当然です。

日銀が企業の債権を買い取ればいい

少し知恵を働かせれば、そのやり方はいくらでもあります。最悪なのは私的契約にまで政府が介入することです。

この法案が策定される前の報道を見ていると、この点については中小企業経営者の人たちのほうがよほど理性的で、「困ってはいるが役所が出張って『借金を返さなくてもいい』など言われたのでは後が怖い」と率直に語っています。当然です。それはやりすぎです。

もっとも簡単で効果が高いのは、中小企業に対する銀行の貸付債権のうち、金利払いの部分を猶予することです。その具体的な方策として、日本銀行が銀行の貸出債権を買い取るのです。

貸出債権を日銀が買い取るということは、企業が倒産した場合に資金が回収できなくなるリスクを日銀が背負うことになります。要するに、企業が金利を払えなくなったときには、日銀が負担するということです。日銀がその負担を認めるなら、企業は金利払いの猶予を受けることができます。

金融や財政の当局がこうしたリスクをとらずに、ただ口先だけで「貸し渋りや貸し剥がしはいけません」などといっても、銀行が「これは不良債権なので、それを処理しただけです」と主張すれば、それ以上の指導はできません。なにしろ、バブル崩壊後、日本では不良債権というものは親の仇同然になっているのですから。これでは、企業の資金繰りを助けることにはなりません。

また、政府が金利部分について保証すると宣言するという案もあります。この場合、企業は金利払いを猶予してもらったのと同じことになります。しかし、これだけではマネーの供給量は増えないので、金融緩和にはなりません。日銀がキャッシュを出して買い取れば、金融緩和にもなり、民間の経済も活性化させる一石二鳥の政策になるのです。個別の契約に介入するとか、政府保証を付けるなどということでは、資金繰りに苦しむ中小企業の一時的な救済にはなっても、経済効果としてはたいしたことはありません。

また、日銀が買い取るといえば、政府が何もいわなくても民間の金融機関は勝手に動きだします。なにしろ最後は日本銀行が買い取ってくれるというのですから、民間金融機関は積極的に企業にどんどん貸し付けを行います。

金融危機に際しては、多くの国で中央銀行がコマーシャルペーパー（CP＝企業が短期金融市場から資金を調達する無担保の約束手形）を買う政策を行いますが、日本銀行のCP買い取りは大企業が対象で、しかも資産担保ＣＰと呼ばれる売掛債権などの金融債権や、証券化商品などの資産を裏付けとして発行するコマーシャルペーパーに限られています。

しかし、単に英語でコマーシャルペーパーといえば、それは通常の手形のことです。つまり、他の国々では中小企業の振出手形も買い取っているのです。

ですから、普通の英語の意味で、コマーシャルペーパーを日銀が買うといえば、中小企業を含めた企業の金利払いを猶予するのと同じ効果が出るでしょう。日銀がコマーシャルペーパーを買うのですから、その方法如何によっては、金利払いの猶予だけでなく、元本返済の猶予まで政策的には実行可能です。ですから、この政策は大変なパワーを持っているのです。

ちぐはぐな対策

危機における経済対策というなら、このくらいは当たり前です。ところが日本銀行は、これほどのＧＤＰギャップがあるにもかかわらず、大企業向けのＣＰ買い取りさえやめようと言い出しました（二〇〇九年一二月末で打ち切り。二〇一〇年三月末には企業金融支援特別オペ〈通称・モンスターオペ〉も打ち切り）。やることが真逆です。ＧＤＰギャップがもたらすものに対する感覚が失われているとしか思えません。

民主党政権では、本来、国家戦略局が政府としてのきちんとした戦略をたてて、その戦略の中で日本銀行がきっちり対応すべき仕事でしょうが、そこが体を成してないから、亀井大臣あたりからこんな議論が出てくるのです。

そのちぐはぐぶりは、二〇〇九年一〇月三〇日の日銀政策決定会合で、一二月末のCP買い取り終了、翌二〇一〇年三月末でのモンスターオペ終了を決めながら、その一カ月後の一二月一日の日銀政策決定会合で「新型オペ」一〇兆円を言い出すところからもわかります。

こうした日銀のちぐはぐぶりの一方、国会では一一月一九日にあまり効果のないモラトリアム法案（53ページ参照）を強行採決したり、一一月二〇日に政府が「デフレ宣言」したりと、全体の戦略がないままでした。

もし、本当の戦略家が鳩山政権にいれば、一〇月の日銀政策決定会合で無様な結論を出すことなく、モラトリアム法案に日銀が企業貸出債権を買い取ることを加えて（もちろん日銀の独立性を守るような規定も加えて）、「新」モラトリアム法案としてバージョンアップし、一一月中旬に「デフレ宣言」し、その後、「新」モラトリアム法案とともに、日銀の金融緩和措置を同時に決定することになったでしょう。そうなれば、経済状況は劇的に変化したはずです。

そもそも、こういう対策をやるときに、政府や中央銀行がカネを使わずに、権力で私的契約に介入するようなことは絶対にすべきではありません。ちゃんとカネを使って、中小企業の債権を買えばいいのです。そうすればどこからも文句は出ず、スムーズに目的が達成できます。繰り返しますが、日銀が買ってくれるなら、市中の銀行はどんどん動き出します。

もちろんなかには倒産する企業もあるでしょう。しかし、危機を回避して経済が動き出せば万万歳です。逆にいえば、危機に際しては政府が損失を出すつもりでやらなければ、だめだということです。

もし仮に、現在の日本にＧＤＰギャップはないという認識の下で、こういう政策を行わないというのなら、それはそれでひとつの見識だと思います。現状に対する認識の問題ですから。しかし、海外の国際機関などが、日本には四〇兆円の需給ギャップがあるといっているのです。ならば、やったほうがいいというのが、普通のマクロ経済政策の考え方です。

タカハシ先生に聞いてみよう7

公共投資（財政政策）で景気は良くなるの？

公共投資は、金融政策と組み合わせなければ意味がない

さて、亀井大臣はＧＤＰギャップについては理解されていると思いますが、それをどうやって埋めるかとなると、いきなり公共投資一辺倒になります。

もちろん需要を創出するのですから、公共投資に初期効果は期待できます。しかし、長期の経済効果という面からはこれがマイナスになることもありえるのです。そこで、もうひとつの手段である金融政策が必要になります。

私は、公共投資などの財政政策には経済効果があまりないことを再三述べていますが、べつにこれは高橋洋一のオリジナルではなく、マンデル・フレミング・モデルという経済学上の理論として認められているもので、これを導き出したロバート・マンデルとジョン・マーカス・フレミングは一九九九年にノーベル賞を受賞しています。

詳しく説明すると経済学の講義になってしまうので、ここではポイントだけを述べます。公共投資を行う場合、国債を発行して市中から資金を集めます。すると、市中のカネが減るので金利が高くなります。変動相場制の下では、たとえば日本の金利が上がると円は高くなります。金利の高い国で運用しようと、円買いが進むからです。円が高くなると、日本の輸出は減って輸入が増えます。これによって公共投資の効果は海外に流れてしまうのです。

一方、金融緩和（金融政策）を行って市中にカネを増やすと、金利が下がるので円安になります。円安になると、輸出が増えて輸入は減ります。これによって国内の景気は回復し、国は豊かになります。つまり経済効果があがるのです。

私は、公共事業を目の敵にした小泉政権の下で仕事をしましたが、公共事業はすべてやらないほうがいいとか、すべて無駄である、という考えはもっていません。もちろん国民生活の向上に寄与しない無駄な事業もあるでしょうが、費用対効果がプラスであることがはっきりしていれば、それは行う価値があると思います。つまり私は、主義主張ではなく、数字で判断すべきだと考えているのです。この点が、政治家と違うところです。

日本人は充分豊かになったという意見もあるようですが、私たちの生活を向上させるためのインフラ整備がまったく必要ないとはとても思えません。しかし、個別の事業を行うか、行うべきでないかは、善か悪かなどという価値基準ではなく、その事業を行うことによって得られる便益（ベネフィット）が、投じる費用（コスト）に見合っているかどうかという数値判断によるべきです。

これをしっかりチェックしてこなかったために、現在、全国各地で、現地住民や市民オンブズマンから激しい抗議を受けるような事態に陥っているのです。しかもそのほとんどが、官僚主導で進められてきたものです。今後もこの部分にメスを入れていく必要があります。

タカハシ先生に聞いてみよう８

デフレと円高はなぜ良くないの？ それを防ぐにはどうすればいいの？

明日の為替レート変動は予測できない

皆さんは、昨日の為替レートを憶えているでしょうか。憶えている人がいるとすれば、投資をしている人か金融のプロ、あるいは輸出入に関わる仕事をしている人でしょう。でも、そういう人たちでも、三カ月前のレートとなれば忘れることもあります。海外を旅行したときに円高で得をした、などという個人的に強烈な想い出があれば別ですが、多くの人にとって数カ月前、数年前の為替レートはあまり意味がないからです。

では、現在進行している円高やドル安、あるいはドル高や円安といった事態についてはどうでしょう。急激に円高が進んだ場合には、新聞や雑誌、テレビの経済ニュースで詳しく報道され、多くの人びとの関心を集めます。自動車や家電などの輸出産業が大変だ、というわけです。でも、明日の為替の変動についてどれだけ予測できるかといえば、経済理論上は「絶対にできない」としかいいようがありません。

こういうと、「そんな馬鹿な。テレビなどでさまざまなコメントを出す経済アナリストやエコノミストがいるではないか」という反論が聞こえてきそうです。たしかにそういう人びとが存在することは認めますが、私にいわせれば、「それは誰も説明できないから誰でも勝手なことがいえる」ということになります。なぜなら、現在進行している為替の変動を説明できる確たる理論は存在しないからです。

考えてみてください。時々刻々変動する為替相場の動きを理論的に解明し、予測を立てられる人がいるとしたら、その人が他人にそれを話すでしょうか。誰にもいわずに相場に投資し、ひそかに莫大な富を得ているはずです。

その意味では、為替も株式相場と同じです。株も、違法なインサイダー情報でも持っていないかぎり、騰貴や暴落を事前に説明することは難しいはずですし、本当にわかっている人がいれば、その人は絶対に他人に話したりしません。つまり、為替も株も、現在進行している相場の動きについては「わからないということがわかっている」にすぎないのです。

ところが、多くの人にとってあまり関心が強くない中長期の為替の動きについては、かなりの程度説明することができます。長期の動きについては「購買力平価」という物価の面から、中期については「金利差」の面からこれを行うことができるのです。

デフレが円高を招く

現在、為替レートは自国通貨と外国通貨の購買力の比率によって決定されるという考え方が主流で、これを購買力平価説といいます。もちろんこれだけではなく、金利差などさまざまな要因が加わってきますが、たとえばドルと円——つまりアメリカと日本の購買力の比率からかけ離れた状態が長く続くことはないのです。

これをわかりやすく示す例が「マック指数」です。これは、自由な取引が行われている世界では一物一価、つまり同じ商品やサービスはどこでも同じ値段だということが前提になっています。ハンバーガーチェーンのマクドナルドが世界中で販売するビッグマックが、日本では一〇〇円、アメリカでは一ドルだとすれば、一ドルは一〇〇円に相当すると考えることができます。

しかし、これが一年経って、日本の物価上昇率はゼロ、アメリカが二％の上昇だったとします。するとアメリカのビッグマックは一・〇二ドルになりますが、日本では一〇〇円のままです。ということは、一・〇二ドルが一〇〇円になったのですから、一ドルは九八円ということになり、二円の円高になったわけです。

「為替レートは自国通貨と外国通貨の購買力の比率によって決定される」という購買力平価の定義だけを聞くと、頭に入りにくいかもしれませんが、このようにマック指数で考えてみると、物価と為替の関係がみごとにわかります。

そして、ここまで読まれた方は、日本の経済の現状と円高との関係に気付かれたことと思います。つまり、現在の日本のように長くデフレ状態にある国は、自国の通貨を高めに誘導する原因を自らの内部に抱えることになるのです。

「物価が下がって何が悪い」

日本では、これだけ長い間デフレ状況に苦しめられているにもかかわらず、いまだに「物価が下がって何が悪い」という議論があります。テレビのワイドショーなどでも、公然とこうした発言をするジャーナリストがいます。

デフレとはデフレーション(deflation)のことです。これは一般的な物価水準が持続的に下落することです。生産水準の低下や失業の増加が起こって不況に向かう状態は、景気後退（recession）としばしば混同されますが、同じではありません。デフレと景気後退は同時に起こる場合もありますが、そうでない場合もあるのです。

物価の下落自体は、給料が変わらなければ、誰にとっても歓迎すべきことです。そういう状態があるのかといえば、一部の人ではたしかにありえます。その典型例は、年金生活者です。

いまの年金制度には、物価スライドが組み込まれており、物価水準によって年金支給額は上下にスライドするはずです。ところが、政治的配慮のためにデフレになっても支給額は下方には修正されません。となると、モノの値段が下がっても年金支給額は下がらないので、年金受給者の購買力はむしろ大きくなります。

もちろん、デフレ下では年金保険料収入も少なくなるので、こんな政治的配慮を長期間続けると年金財政は確実に破綻しますが、現実に行われています。ですから、その間は年金受給者にとってデフレはよいものとなるわけです。

下方硬直性

一般の給料をもらう労働者でも、デフレの影響を受ける人とそうでない人の差が出ることがよくあります。

デフレでモノの値段が下がると、それによって販売数量が多少伸びても、単価の低下がそれを上回り、売上げが減っていきます。そのしわ寄せは、まず非正規職員にいきます。アルバイトを雇わなくなったり、非正規職員の時給を引き下げたりするのです。さらに、新卒採用予定者はまさに直撃を受けます。仮に採用が取り消された場合、本来であればもらえていたはずの給料がゼロになるわけですから、その逸失利益はとんでもなく大きいといわざるをえません。その一方で、モノの値段が下がっても、賃金は下げにくいので、正規職員への影響は少なくてすみます。というわけで、デフレは、非正規職員や新卒採用予定者のほうに悪影響が出やすいのです。

このほかにも、デフレはある一部の人にとっては良くても、経済全体にとっては悪いということがあります。

前述のように、モノの値段が下がっても、賃金は下げにくく、その結果、正規と非正規の間で格差が広がったり、失業が増えたりします。これらはいずれも、賃金が下がりにくいところから出てくる現象です。「それなら、賃金を下げやすくすればいいじゃないか」となるわけですが、現実には、労働組合や「労働を商品化してはいけない」などという人の存在によって、下げにくいのが現状です。

一方、企業が儲かったときにはボーナスなどで払えばいいのですから、賃金を上げる方向で調整することは、下げることよりずっと簡単です。

経済学では、このような状況を「下方硬直性」といいます。これは制度や慣行によるものなので、なかなか変えにくいのです。

流動性の罠

労働のほかにも、「下方硬直性」を持つものがあります。それは、金利です。

金利は、ゼロより下のマイナスにはなりません。その理由は簡単で、誰かにお金を貸して、マイナスの金利を受け取る――つまり利息を「とられる」くらいなら、そのまま持っていたほうがお金も減ることなく、有利だからです。

ですから、景気が悪くなり、設備投資を促すために金利をドンドン下げていっても、ゼロになるともう下げられません。でも、デフレ下ではモノの値段はドンドン下がります。こうなると、企業は設備投資をして商品を増産しようと思わなくなり、経済が縮小していくことになります。

これは、あの有名なケインズ先生が、八〇年くらい前に「そうなったら困る状況」と指摘したものです。この状況を、ケインズ先生は「流動性の罠」と表現しています。ですから、金利がゼロになると、そう簡単には手立てが打てなくなってしまいます。これも「下方硬直性」のひとつです。

ところが、金利は高くすることはいくらでもできます。ですから、賃金同様に「上方」には対応しやすいのです。

「下方硬直性」を持つ賃金や金利は、デフレになると、機能しにくくなります。その結果、失業が増え、相対的に金利高になって設備投資が抑制されます。このようなメカニズムが、「デフレが悪い」という論拠です。

というわけで、デフレになると、やがて経済活動が停滞し、失業や賃金下落につながることが多いのです。

逆に、モノの値段が上がるインフレ（インフレーション inflation）については、ある程度（五％）までなら、先ほど説明したように、賃金も金利も上方には簡単に対応できる――つまり上げることができるので、それほど目くじらを立てる必要はありません。しかし、デフレは金融当局がすばやく対処して退治しなければならないのです。

他の国の中央銀行では、「日本のようになるな」が合い言葉になっています。情けないことですが……。

デフレが円高を呼ぶ理由

しかも、デフレは円高を呼び寄せます。

先ほどはマック指数で説明しましたが、今度は別の言い方をしましょう。

デフレはおカネよりモノが多い状態なので、「通貨価値」が高いのです。為替というのは、二国の通貨の相対的な価値を表すものなので、日本がデフレでアメリカがインフレなら、円の通貨価値が高いということで、「円高」になります。

日本のモノとサービスを併せた貿易収支は約一〇兆円の黒字です。日本は圧倒的な輸出大国であり、日本の経済を支えているのは自動車や電器をはじめとする輸出産業です。円高がこの輸出産業に悪影響を与える、すなわち日本の経済に悪影響を与えるとするなら、デフレには大きなリスクがあることを覚悟しなければなりません。

後で詳しく説明しますが、多くの国では、欧米諸国が平均して年一～三％の物価上昇となることから、自国の物価上昇率の目標を同じく一～三％に設定して、物価と為替の双方を安定させることを目指しています。これが世界の金融政策の常識なのです。

日本の金利は低くない

金利を話題にすると、多くの日本人は日本の金利は非常に低いと考えているはずです。たしかに二〇〇九年一二月現在、日銀の政策金利は〇・一%と、一見きわめて低い水準にあります。しかし、つねに変動している国際金融の世界では、単純値としての数字にはあまり意味がありません。重要なのは、その時々の状況における相対的な金利であり金利差なのです。

そもそも金利には、名目金利と実質金利があります。実質金利は、名目金利から物価上昇率を引いたものを指します。物価上昇率を引くのは、次のようなことがあるからです。

たとえば、一%の金利で一〇〇円を借りて一〇〇円の品物を買った場合、返済金額は一〇一円になりますが、物価が一%上がった場合その品物の価格も一〇一円になっているので、貸した人は一%の金利をもらっても物価の上昇によって金利分が吸収されたことになるからです。このように、物価上昇率を計算に加えない名目金利だけでは、実質的な金利差は測れないのです。

では、日本のように長くデフレ状態にある場合にはどうなるでしょう。物価が下落するデフレでは物価上昇率はマイナスの値になります。ということは、名目金利が低くても1－（－1）＝2のように、マイナス値をマイナスすることになるので、実質金利はむしろ高くなります。

また、相対的な金利差を理解するのに、非常にわかりやすい例があります。リーマンショック後の二〇〇八年一〇月、日本は欧米の中央銀行による〇・二五％の協調利下げに参加しませんでした。日銀は、日本の名目金利は充分に低いと考えたのでしょう。しかし、これによって日本の金利は相対的に高くなったとマーケットに判断され、結局、円高・株安になりました。

国際金融はつねに流動しているので、単純な名目金利の数字ではなく、その時々の金融当局の狙いやメッセージを、その行動のなかから見いだして反応するのです。

このとき、結局日銀は遅れて利下げを行いました。しかもその下げ幅は〇・二％。他の国々よりも〇・〇五％下げ渋ったわけです。この行動は、日本ではこれ以上の利下げはない、という判断にマーケットを導くことになり、必要ならばまだまだ利下げをするというメッセージを出した他の先進国よりも相対的に金利高であると判断されました。

名目金利が〇・一％という超低金利であっても、その政策を打ち出す金融当局の行動の仕方によって、相対的な判断は大きく変わるのです。

藤井発言は膨れ切った風船に針を刺した

すでに充分に理解していただけたと思いますが、長くデフレ状態にある日本は、購買力平価（物価）の面からも、金利差の面からも、円高に向かう傾向をその内部に強くもっているということです。円高を容認したと受け取られた二〇〇九年九月の藤井発言は、こういう状態のなかで行われたのです。

二〇〇九年九月一六日の組閣当日午後三時過ぎに、藤井裕久民主党最高顧問（発言の時点ではまだ財務大臣として正式に認証されていなかった）の発言が報じられると、ドルは九一円付近から九〇・四八円まで急落、すなわち円が急騰しました。

藤井氏の発言は、緩やかな動きならば為替介入には反対とし、さらに足元の為替相場は乱高下していないという認識を示したものです。藤井氏はさらに、諸外国との協調介入でなければ今の為替市場は動かない、円が少し高くなったからといって、他の国が協調介入に参加するとは限らないという考えを示しました。これがいわゆる「藤井発言」です。

発言内容の適否はともかくとして、財務省にいた私の経験に照らし合わせれば、デフレや金利差で円高圧力が目一杯かかっている状況のときには、為替については何もいわないことが、財政当局者として通例の行動です。これほどの円高圧力があるときに、その真意はともかくとして、何かをいえば、パンパンになった風船に針を刺すようなことになるからです。

それが常識とされる世界において、財務省ＯＢであり、しかも一度は大蔵大臣まで経験した人が不用意と受け取られる発言をし、結果的に円高方向に相場を動かしたと見られたわけですから、批判を受けるのは当然といえるでしょう。

ただし、私個人は円安がよくて円高は悪いといった価値判断は持っていません。円安にも円高にもプラスの面とマイナスの面があります。為替の変動に対して何らかの価値判断をもつことはありませんが、現在の日本において円高がリスク要因になることは容易に理解できます。これはきわめて単純な話で、日本経済における輸出産業のウエイトが高く、それに携わる人が多いからです。反対に輸入産業のほうが多ければ円高はむしろ歓迎です。

ここにあるのはそれぞれの国の経済の体質や現状の問題で、普遍的な価値判断はありえないということです。

タカハシ先生に聞いてみよう9

為替介入は円高阻止に効果があるの？

二〇〇三〜〇四年の為替介入は、日銀に金融緩和を促すためだった

為替介入ということばが出てきたので、これについても説明しておきましょう。

いうまでもなく為替介入とは、変動相場制において為替相場の過度な動きを緩和するために金融当局が市場取引に参加することで、外国為替平衡操作ともいいます。

輸出産業のウエイトが高い日本では、急激に円高ドル安が進めば下請け企業を含めた輸出産業の収益が悪化し、ひいてはそれが経済全体に悪影響を与え、一九八〇年代半ばのような「円高不況」という事態にもなります。そこで日本の金融当局——といっても日本の場合は財務省（旧・大蔵省）が円売りドル買い介入を行って、急激な円高を阻止しようとします。

この介入については、それ自体に効果があるという主張と、介入に効果はないが日本政府

の意思を伝える効果（アナウンス効果）はあるという主張があります。

日本はＧＤＰの二〇％にも及ぶ介入資金を用意していますが、それほどの額であっても巨大な国際通貨市場を単独で動かすことができるかと問われれば、大いに疑問というのが常識的な答えでしょう。そのためかどうかはわかりませんが、日本でも二〇〇四年の三月を最後に為替介入は行われていません。

この直前となる二〇〇三年から二〇〇四年にかけては、かなり大規模な円売りドル買いが行われ、後述するような「陰謀説」まで登場することになります。しかし、これにはもうひとつ重要な狙いが財務省にはありました。それは、腰の重い日銀に対して金融緩和を促すことでした。

ドル買いといっても実際に買うのは、主としてアメリカ国債、ドル建て債です。そしてこれを買うために財務省は、外国為替資金証券（通称＝為券《ためけん》）という短期国債を発行します。このとき財務省は三〇兆～四〇兆円に及ぶ介入を行いましたから、市中に三〇兆～四〇兆円の短期国債が出回ったことになります。

短期間に三〇兆～四〇兆円もの国債が出回るということは、それだけ債券の供給圧力が高まり、債券価格は下落します。価格と金利は逆の関係にあるので、金利は上昇に向かいます。

これは単純に需要と供給の関係によるもので、市中に出回る債券が増えれば、価格は下がり(金利は上がる)、債券の供給が減れば、価格は上がります(金利は下がる)。

本来、金利を調整するのは金融当局である日銀の仕事ですから、このような形での財務省主導の金利上昇は許容できません。そこで、日銀は渋々このうち一五兆～二〇兆円ほどの短期国債を買い上げました。

買ったということは、市場に一五兆～二〇兆円のマネーが投入されたということです。実は、これによってマネーベースが上昇し、実質的な金融緩和が実施されたことになったのです。大規模な為替介入を行った財務省の真の狙いは、ここにあったのです。

つまり、財務省の行動は、表面的には為替介入による円安ドル高誘導ですが、本当の中身は日銀に金融緩和を促すことによって、少しでもデフレ状況を改善し、円高圧力を弱めることだったのです。国際金融の常識がわかってさえいれば、怪しげな「陰謀説」に与することなく、この仕組みを理解することができたはずです。

量的緩和の効果を認めたテイラー教授

この話には、ちょっとした裏話があります。

当時、私はアメリカのプリンストン大学から帰ったばかりで、国土交通省に出向していました。そこで、業務には関係なかったのですが、プリンストンで勉強してきた金融政策によるデフレからの脱却方法の話を経済雑誌に書いていました。

あるとき、財務省副大臣から電話がありました。副大臣のところに出向くと、ちょっと話を聞かせてくれというので、「財務省で為替介入すると、円安というメッセージになるし、為替券を日銀が吸収するはずなので、量的緩和になって日本経済にもいい」という話をしたのです。これがきっかけかどうかは知りませんが、その後、前述のような大規模介入が行われたのは事実です。

この話には、もう少し後日談があります。

二〇一〇年三月、ジョン・B・テイラー教授（スタンフォード大学）が、シンポジウムに出席するために来日しました。前述した大規模為替介入のアメリカ側の担当者は、当時、財務次官（国際担当）だったテイラー教授その人です。

一部の人の間では、二〇〇三年の大規模為替介入で日本は救われたという見方もあるので、テイラー教授が現在の日銀の政策を批判し、量的緩和を迫るのではないかと期待されていました。しかし、期待に反して、テイラー教授の発言はおとなしめで、日銀批判などありませんでした。失望した人もいたようです。

私の見立ては少し違いました。

テイラー教授が基調講演を行ったシンポジウムに、私もパネラーとして参加していましたが、その前にテイラー教授とじっくり話をしました。

私は、「為替介入は、自由な市場から見ればマズイし、国際金融トリレンマ（固定為替相場、金融政策の自由、自由な資本移動の全部を同時に達成することはできないということ。90ページで後述）から考えても、今の国際経済では自由な資本移動は欠かせないので、金融政策を縛ることになってマズイ」といいました。

その上で、「二〇〇三年の介入は、量的緩和への後押しは五〇％（非不胎化率＝日銀の短期国債の買い取りは五〇％）しかなかった。日銀が量的緩和をしてくれればもっと良かったのではないか？」と聞きました。テイラー教授の意見は「まったく君のいうとおりだよ」というものでした。

為替介入で円安になるのは日本経済のためにはなるけれど、必ずしもアメリカのためになるわけではありません。私は、テイラー教授の胸中を察して、あまりこの話には深入りしないほうがいいと思いました。

彼は、とても頭が良く柔軟な思考ができる人なので、当時の日本の状況をよく理解してくれていたからこそ、アメリカ側の担当だったにもかかわらず、大規模介入に応じてくれたのでしょう。その経緯は彼の本にも書かれていますが、本心はどうだったのかと、今でも思っています。

ともあれ、二〇一〇年の三月一八日に行われた講演で、テイラー教授は「日銀の量的緩和に効果があった」といいました。この点、私は彼に「日銀の量的緩和と将来予想インフレ率の間には、一定のラグ（効果の遅れ）をもって強い相関がある」といってきたので、ようやくそれを認めてくれたのかと少し嬉しくなりました。

今もって、日銀の見解は「量的緩和には効果がなかった」というものですから、これだけでも、テイラー教授の講演は有意義だったと思います。

為替の安定には金融政策が重要

ある時期、政府が巨額資金を使って為替介入をし、輸出産業に対して便宜を図っている、ということがなにか巨大な陰謀のようにささやかれました。しかし、これは政府とすれば当然のことで、「陰謀」などという小説仕立ての話ではありません。

しかし、これまでお話ししてきたように、為替の安定を目指すなら、政府が借金までして為替介入をするよりも、金融政策によって安定した物価上昇へと導くほうが、はるかに安価で効果的なことはおわかりいただけたと思います。

これは世界の金融政策では常識なのですが、日本では、金融政策が通貨の価値を決め、二国の通貨の価値の比率が為替であることがあまり知られていないため、円高是正といえば為替介入一辺倒となってしまいます。

また、こうした常識的な理論が知られていないために、「陰謀説」のようなものに飛びつく一部マスコミも登場します。それで、何となく面白可笑《おか》しい説明がつくということなのかもしれませんが、不毛な議論といわざるをえません。

経常収支＋資本収支＋外貨準備の増減＝〇

ここで、国際金融の常識として確認しておきたい命題があります。それは、次の式です。

国際収支では、統計上の誤差がなければ、

経常収支＋資本収支＋外貨準備の増減＝〇

国際収支とは、ある国が外国と行う経済取引を体系的にまとめたもので、モノやサービスの取引の流れをあらわす経常収支と、外国への直接投資や証券投資などによる資産と負債の変化をあらわす資本収支に分けられます。

複式簿記を知っている人は、上の式を簡単に理解できるでしょうが、知らない人は、この際、よく勉強しましょう。

経常収支というのは、簡単にいえば輸出から輸入を引いたものです。さらに簡単にするために、輸入はないものとしましょう。となると、黒字は輸出だけです。

輸出といっても、輸出することでもらえるのは、基本的に相手国の債権です。つまり、輸出で稼いだ分はそのまま相手国に貸していることになります。

これを複式簿記で見ると、ある実物資産が輸出で減って、その代わりに相手国の債権ができたので、帳簿の右側（貸方）に輸出額を書いて、左側（借方）にこの相手国への債権額を書くことになります。もちろん、右の金額と左の金額は同じです。

相手国の債権を持つということは、輸出の結果でなくてもありえます。たとえば、単純にお金を貸した場合も、相手国の債権を持つことになります。

この場合は、相手国の債権を持つのと引き替えに、お金が出て行くイメージですから、これを「資金の流出」といいます。

先ほどの帳簿で、右に書いた輸出額と左に書いた債権額は同じといいましたが、右の輸出額をプラスとして、左の債権額をマイナスとすれば、輸出額＋債権額＝〇ということはわかりますね。

実際の経済では、この債権額を持つのは民間金融機関だったり、それを買った公的機関だったりします。民間主体が持っているものを「資本収支」、公的機関が持っているものを「外貨準備」といいます。

そうなると、輸出額＋資本収支＋外貨準備の増減＝〇になるのがわかるでしょう。経常収支の黒字は、統計が間違っていないかぎりかならず同額の資本収支か外貨準備のマイナスとなり、その和はゼロになるのです。

中国を例に考える

資本収支と外貨準備のそれぞれの増減の割合は、自由な商取引を行っている国では資本収支がほとんどですが、外貨準備が大きい国もあります。たとえば中国のように社会主義と資本主義が混在している国では、公的セクターの外貨準備が多くを占めることになります。

では、先ほどの公式を、中国の経済に当てはめてみましょう。

二〇〇八年度、中国の経常収支は四二六一億ドルの黒字、資本収支は流入超の一九〇億ドル、外貨準備の増加は四一〇〇億ドルです。これを上の式に当てはめると、四二六一＋一九〇－四一〇〇となります。

残念ながら、それぞれ統計値の誤差があるので、ぴったりゼロにはなりませんが、まあゼロに近いので、気分はいいでしょう。

もし中国当局の介入がなければ、経常収支四二六一億ドルのとき、長期資本収支は流出超の四二六一億ドルで、四二六一－四二六一＝〇だったはずです。しかし、中国当局が民間セクターの持つ対外債権をほとんど買い上げたので、外貨準備が増えたのでしょう。

要するに、中国は経常収支が大幅な黒字で、同時に、実質的に資本規制をして外貨の持ち出しを禁止するなどしているので資本収支も黒字になります。さらに同時に、事実上の固定相場制を採るために猛烈な為替介入も必要になり、結果として多額の外貨準備の増加となるわけです。

実は、日本は自由主義経済圏にありながら、欧米と中国の中間に位置しています。というのも、欧米では為替介入のための外貨準備はほとんど持っていません。為替介入が効を奏するとも考えていませんし、そもそも自由な取引を国是としている国では、そこで活動する企業はさまざまな手段を駆使し、自己責任で為替のリスクをヘッジすることが大前提になっているからです。

この部分において公的セクターの役割が大きいのは、途上国モデルといえます。途上国では民間経済が未成熟である場合が多いので、国の関与がある程度必要になるからです。世界第二位のGDPを生み出す日本のような国が、途上国と同じようなことをしているのです。

国際金融のトリレンマ

もうひとつ、国際金融における命題を提示します。それは、「国際金融のトリレンマ」といわれるもので、内容は次のとおりです。

国際金融政策においては、①固定相場制、②独立した金融政策＝金利政策の自由、③自由な資本移動という三つの政策は同時に二つしか実現できず、三つを同時には実現できない。

実は先ほどお話ししたことは、この命題にぴたりと当てはまります。多くの先進国では、②と③を守るためにやむなく①を放棄し、変動相場制を採っています。

一方、中国は、政府が資本収支を完全に管理し、かつ為替も完全に管理したいため、今のところ、①のみを選択し、②と③を放棄していると見ることができます。その結果、一国二制度などと自称しても、国際商取引の枠組みのなかに完全に入り込むことはできないのです。

しかし、そのうち③は確保したくなるでしょう。そうしないと国際社会での取引に支障が出てくるからです。つまり、①と③を確保して、②を放棄するという状態です。でも、①を確保し続けて②を放棄していると、インフレなどの問題が出ても対処できなくなり、今度は国内から不満が出てきます。ですから、①を放棄して、②と③を確保するようになるでしょう。つまり、いまの先進国と同じように、為替の変動相場制に移行することは間違いありません。問題はいつそうなるかです。中国は国際社会にかなり進出しているので、そう遠い将来ではないと思います。一部の輸出業者のためではなく、国民のために金融政策を使う日は、遅くとも一〇年後、早ければ五年後には来るのではないでしょうか。

日本も明治以来長く資本規制をしてきました。それは海外の巨大資本によって日本が植民地化されることを恐れたからです。現在も、途上国で資本規制は普通に行われています。しかし、戦後の日本が目覚ましい経済発展を実現したことによって、アメリカをはじめとする先進国からの圧力が強まり、建前としては一九六〇年代の後半から七〇年代にかけて、ほぼ完全な自由化が行われたのです。

つまり、その時点で日本は②と③を選択して①を放棄する、先進国のモデルに入ったのです。ところが今日に至ってもなお、為替が大きく変動すると「政府は何をしている」という声が民間から上がってきます。そして財務官僚はそれに応えるように、巨額の為替介入のための資金を準備しているのです。

過剰な外貨準備にまつわる不透明さ

先に紹介したように、実は二〇〇四年三月を最後に、日本では為替介入は行われていません。行われていないにもかかわらず、財務省が管理する外国為替資金特別会計には多額の資金が積み立てられていました。

なぜ先進国のなかで日本だけが、大量に為替介入資金を保有する必要があるのでしょう。これは大きな「謎」です。そのために、アメリカから国債を売らないように強要されているのだ、などというまことしやかな「陰謀説」がささやかれることになります。しかし、私の知るかぎり、これはありえません。なぜなら、保有しているのはドル債だけではないからです。

しかもこの保有には、明確な意志があります。漫然と持っているだけならば、満期が来た外債は償還すればいいだけのことです。ところがこれをしないで、買い換えています（ロールオーバー）。ということは、保有し続けるという明確な意志があるということです。この「謎」を解明するもっともシンプルな答えは、財務省自身が持っていたい、ということでしょう。

国債で調達して積み立てた多額の資金が存在することは、非常に不透明なものを感じさせます。実際に芳しくない噂も流れてきます。その一つは運用にまつわるものです。外貨債権ですから、誰かが運用することになります。それは当然民間の金融機関ということになります。それが一つの利権になっているのではないのかと指摘されること自体、大きな問題ではないでしょうか。

金融政策で為替相場をある程度コントロールできる

繰り返すようですが、日本は、「独立した金融政策＝金利政策の自由」と「自由な資本移動」を選択して、固定相場制を放棄しました。日本のような輸出国にとって固定相場制は非常に魅力的です。しかし、それよりも「独立した金融政策＝金利政策の自由」と「自由な資本移動」のほうが国として有効だと判断したから固定相場制を放棄したのです。

なぜこうした選択が成り立つのかといえば、それは金融政策を駆使すれば為替相場をある程度コントロールできるという前提があるからです。それこそが、金融政策による物価水準の調整です。

日本は長期にわたってデフレ状態が続いています。まずこのデフレから脱却し、インフレ目標によって物価水準を調整し、円高になりにくい経済環境をつくるべきです。そしてその場合、民間企業も円高に振れたからといって、すぐに政府に対して為替介入を求めるのではなく、さまざまな手段をたくましく活用し、自己責任で為替変動のリスクヘッジをすべきことはいうまでもありません。

タカハシ先生に聞いてみよう10

日本郵政社長に元大蔵事務次官の斎藤次郎氏が就任。これの何が問題？

過去の人？　亡霊？　冗談じゃない！

亀井静香氏はいわゆる「小泉改革」に一貫して反対してきましたし、民主党は郵政民営化阻止を党是に掲げた国民新党と連立政権を組んだわけですから、何らかの形で民営化を逆回転させる政策を採ることは予想できました。しかし、さすがにこの人事には私も驚きました。なぜなら、鳩山政権が誕生前から掲げてきたのは、まさに「脱官僚」だったからです。「脱官僚」を大看板に掲げた政権が、国民生活に大きく影響する政策の要に、官僚の中の官僚である大蔵事務次官出身者を当てることが問題でないはずがありません。

しかし、この発表の直後、私をもっと驚かせたのは新聞、テレビなどのマスメディアをはじめとする各種報道でした。新政権誕生から一〇〇日は政権とメディアの蜜月期間といわれますが、この人事を断行した亀井静香特命大臣も鳩山由紀夫首相も矛盾だらけの弁解を繰り返しているにもかかわらず、それを追及する声が少しも高まりを見せないのはどういうことでしょう。

新聞やテレビだけではありません。普段なら記者クラブの裏をかくようなしぶとい取材ぶりを見せる週刊誌メディアまでが、まったくトンチンカンな見出しを掲げているのには、驚くよりも呆れてしまいました。

その代表的なものが「大蔵省の亡霊」という扱いです。その記事では、「財務省内からも大物次官とはいえ、過去の人になっていた。省内で大蔵の亡霊が復活したと困惑する声」と書いていますが、この「省内」というのがどのレベルの人なのか聞いてみたいものです。少なくとも財務省で現在それなりの仕事をしている官僚なら、斎藤氏を「過去の人」「亡霊」などとは決していいません。なぜなら、現在次官に近いといわれている稲垣光隆主計局次長は、斎藤次郎氏の女婿なのです。

これはいわば周知の事実です。自らが所属する組織のトップに就くかもしれない人の義理の父親のことを「亡霊」呼ばわりする人がいるでしょうか。いたとすれば、それはその組織の中でもかなりハズレの方にいる人でしょうし、だとすれば、これはその程度の取材しかできていないという証拠でしょう。

斎藤氏と稲垣氏について、ある編集者は「まるで戦国時代ですね」と話していました。しかし、こうした閨閥《けいばつ》づくりはわが国の政官財の世界では今日もなお連綿と続いていて、もちろん財務省（旧・大蔵省）も例外ではありません。ですから、「官僚すべてを敵に回した男」などといわれている私も、どこに親戚がいるかわからない以上、人事のうわさ話や人の評価に関わることば遣いはつねに注意をしてきました。これは、ことさらに「空気を読む」ということではなく、人間として最低限のマナーを守りたいという思いからですが……。

もうひとつ、取材が甘いのか、わかっていて書かないのか不思議なのが、斎藤氏と亀井大臣の関係です。「永年の友人」と書いた新聞もありましたが、これはありえないでしょう。

秋の補正予算論議から年末の予算編成にかけて明らかになりましたが、亀井大臣はことあるごとに「本当は金はあるのだが、役所が出さない」と財務省を悪者にしてきました。つまりこれは、財政出動論者である亀井静香 vs.財政再建至上主義の財務省の闘いであり、斎藤次郎という人は旧大蔵＝財務省の保守本流、つまり徹底した財政再建至上主義者なのです。

その亀井氏が本音で斎藤氏を推すはずがありません。一部で書かれたように、これは明らかに小沢一郎民主党幹事長主導の人事です。一四年前の日本新党時代に、小沢氏と当時の大蔵事務次官の斎藤氏が「国民福祉税」構想を画策し、これが国民の反発を招いて細川政権を瓦解に導いたことも、その後もふたりが気脈を通わせていたこともよく知られた話です。

保守本流の人びと

さて、その後の斎藤次郎氏は、国民福祉税騒動などで見せた小沢寄りの姿勢が自民党に疎まれ次官退任後は不遇をかこった、というのが世間一般のイメージのようです。ワイドショーでも、この人は小沢さんと組んだのでいいところに天下れなかった、などと解説する人がいますが、これも当時現場にいた人間の印象とはかけ離れたものです。

たしかに、研究情報基金 Foundation for Advanced Information and Research =通称FAIR（フェア）という一般にはあまり知られていない社団法人の理事長に納まりますが、何を隠そうこれは歴代の大蔵事務次官の待機ポストです。待機ポストとは、大物官僚が退任時に適当なポストに空きがない場合、一時的に納まる役職です。このFAIRの理事長職にも初代の西垣昭氏以来、平沢貞昭氏、保田博氏というようにすべて歴代の大蔵事務次官が就任しています。

役人を語るときには入省年次が重要で、これに注目する必要があります。いわゆるキャリアにとっては、どの省庁に何年に入ったかが役人人生のすべての土台になります。金利がいくら自由化されても、年次の自由化は絶対にありえないというのがこの世界の掟。飛び級はありません。

その視点で見ると、この社団法人の理事長職は昭和二八年入省の西垣氏から始まり、三〇年の平沢氏、三二年の保田氏、三四年の斎藤氏とぴったり二年おきに並んでいます。つまり、これは完璧な役所人事です。斎藤次郎氏は、間違いなくそのように処遇された、まさに旧大蔵省の保守本流の人なのです

ここを二年務めた後、二〇〇〇年に東京金融先物取引所理事長に就任するまで、斎藤氏はたしかに元次官にふさわしいポストに就いていたとはいえません。しかし、この一九九五年当時は、日本の金融機関全体が大変な逆風に見舞われた時期です。その意味では彼は不遇だったといえるかもしれませんが、それは小沢氏とは関係のない、時代状況によるものです。

つまり、私がここで強調したいのは、斎藤次郎氏は「過去の人」でも「亡霊」でも時の政権に追われた人でもなく、それどころか将来の事務次官候補を女婿に持つ、今日もなお圧倒的な力を温存した、きわめて有力な元大蔵事務次官であるということです。そういう人物が、

いま民主党によって郵政改革のキーマンとして送り込まれたのです。

その健在振りは、記者会見をご覧になった方ならおわかりのことでしょう。存在感といい、そつのない受け答えといい、まことに堂々たる貫禄で、財務省の陰の立役者といわれるだけのことはあります。

しかも、この人事の下には、つい数年前の小泉政権下で郵政民営化に反対して追われた、まだまだ生臭さが残る人びとの復活が隠されています。本来なら隠そうにも隠しようがない露骨な人事ですが、斎藤氏の登場があまりに強烈だったためか、その露骨さが薄められたようです。むしろ、斎藤氏起用の真の狙いはそこにあるのかと勘ぐりたくなります。

いうまでもなく、それは斎藤氏就任の一週間後に発表された四人の副社長です。ここにふたりの官僚OBが入りました。元郵政事業庁長官の足立盛二郎氏と元財務省主計局次長で、福田康夫政権では内閣官房副長官補を務めた坂篤郎氏です。

足立氏は旧郵政官僚で民営化に明確に反対していました。郵政事業庁長官を退任した後、財団法人簡易保険加入者協会という郵貯ファミリーの理事長に天下りました。郵貯関係ではほかにも、小泉時代に民営化に反対して降格された清水英雄氏がゆうちょ財団に天下っていましたが、斎藤氏就任後に、政権交代後の新ポストである郵政改革推進室室長に返り咲いています。彼らはみな郵政ファミリーの保守本流です。

「かんぽの宿問題」の茶番

郵政にかぎらず、官業の凄まじさは、その下に公益法人がたっぷり付くことです。郵貯ファミリーの場合、傘下に約二〇〇社の関連団体があり、取引量も膨大になります。そこがそれぞれ一社当たり一〇人、全部で約二〇〇〇人の天下りを受け入れてきました。今回復活した官僚ＯＢは、この巨大ファミリーの代表者です。

彼らが困ったのは、銀行からやってきた西川善文さんたちが本気で郵貯ファミリーを潰しにかかってきたからです。実際これで彼らは息も絶え絶えでした。しかし、ここには二〇〇〇人からの天下りがいるのですから、まさに窮鼠《きゅうそ》猫を噛む、なりふり構わぬ反撃に出ました。それが、いわゆる「かんぽの宿問題」による西川攻撃です。

かんぽの宿については黒字が一一施設だけで、全体としては年間四〇億円にのぼる赤字を計上していました。そのため日本郵政は、二〇〇九年四月にかんぽの宿をオリックス不動産に一括で売却することを発表しました。

ところが、売却先であるオリックス不動産が、郵政民営化を検討した当時の総合規制改革会議議長だった宮内義彦氏が最高経営責任者を務めるグループの企業であったことから、麻生内閣当時の鳩山邦夫総務大臣が「国民に出来レースと受け取られかねない」として、認可に慎重な姿勢を示しました。これが騒動の発端となり、個人攻撃を含めたさまざまな非難中傷が、当時日本郵政社長だった西川善文氏に向けられることとなったのです。

本当に不正があるのなら、総務省が告発しなければなりませんが、西川批判の急先鋒であった鳩山邦夫総務大臣の下でさえそれはできませんでした。ということは、「不明朗なことがあるようだ」などと騒ぎ立てたのは空芝居だったと判断せざるをえません。

本来一〇〇億円のものに二四〇〇億円をかけたことがおかしい

価格についての批判には、何をいまさらというのが率直な気持ちです。価格は、デュープロセスという適正な手続きを踏んで、何度も計算されています。

実は、最初に内部で計算に当たったのは私で、その計算には収益還元法というきわめてオーソドックスな手法を使っています。内部だけでは不安だったので、外部の専門機関にも委託して計算してもらいましたが、やはり一〇〇億円前後と、ほぼ同じような金額が出てきました。さらに日本郵政も第三者委員会で検討させましたが、額については妥当という結論が出ています。これは当たり前のことです。同じ手法で計算するのですから、誰が計算しても似たような結果になるはずです。

二四〇〇億円かけて造ったものを一〇〇億円で売るとは何事かという指摘については、国民感情としては理解できます。しかし、これは怒りの矛先が違います。本来一〇〇億円だった施設に二四〇〇億円もかけたことがおかしいのです。

これはかんぽの宿にかぎったことではありません。グリーンピア（年金受給者などのための保養施設として、旧年金福祉事業団〈年金資金運用基金〉が一九八〇年から八八年にかけて全国に一三カ所設置。運営には多額の赤字が発生し、二〇〇五年一二月までにすべての施設が譲渡された。年金保険料一九五三億円を投じたグリーンピアの売却総額はわずか四八億円）やスパウザ（厚生労働省管轄の特殊法人の雇用・能力開発機構が雇用保険の資金を原資に建設・運用したが、杜撰《ずさん》な経営で破綻。なかでもスパウザ小田原は四五五億円を投じながら、小田原市に八億円で譲渡された）など、官業で造った施設ではこうしたことが行われた痕跡が見てとれます。事業を利権にしたい人たちにとっては、額を膨らませて大きくしたほうが都合がよかったのです。

また、バルクセール（一括売却）がけしからんという議論もありました。しかし、オリックスに売却される予定だった七〇施設のうち黒字はわずかに一一施設、年間四〇億円の赤字を出しているのです。個別に売却したのでは、赤字施設だけが売れ残ってしまいます。こうした場合、バルクで売ることは通常の手法です。

もちろん後講釈で「個別売却のほうが良かった」「タイミングが悪かった」などと「経営判断」の良し悪しをいうことはできます。問題は、コンプライアンス上の問題があったかどうかです。もし悪質な問題があったのならば、刑事告発すべきでしょう。私は個々の売却事例におけるコンプライアンス上の問題までは承知していません。現場では多少想定外のことも起こるので、すべての案件がコンプライアンス上完璧だったとは断言できませんが、全体として、かんぽの宿売却が政策として間違っていたとは思いません。

また、個別の施設の価格ははっきりいえばどうでもいいので、全体で価格を付けた結果、帳簿上一万円という価格になった施設もあります。この数字をあげつらって「けしからん」と攻撃するのは、揚げ足取り以外の何ものでもありません。攻撃のための攻撃です。

では、何のための攻撃かといえばそれは民営化潰しであり、誰がそれを行ったのかといえば今回復活してきた郵政ファミリーの人びとでした。

「三位一体の復活」への道

このように、現在鳩山政権下で行われている郵政関連の人事とは、天下り復活、郵貯ファミリー（特殊法人）復活、そして郵政事業への税金投入復活という「三位一体の復活」への道です。これは後で説明するように、論理的にそうならざるをえないのです。

郵政民営化逆回転が国民の意思であり、税金からの支出も国民が望むのであれば、そういう政策もありえると私は思います。それが政策一般に対する私の基本的な姿勢です。

また、現行の法律のままでは日本郵政は純粋な民間企業になっていきますから、やがてそれを改める法律が提出され、国民が選んだ国会において可決されるでしょう。現状では、それも国民の選択と考えなければならないでしょう。

しかし私は、郵政民営化は小泉政権なしでも必然であったと考えています。それは長い時間をかけて作られた大きな流れだったのです。今回の民営化逆回転劇も含めた郵政問題の本質を理解するためには、どうしてもこの流れの全体像を知る必要があります。

発端は、財政投融資の見直し

郵政民営化など官僚システムにメスを入れる政策を立案したことで、霞が関から総攻撃を受ける身になりましたが、そんな私もかつては「大蔵省中興の祖」と祭り上げられたり、ある郵政関係者の会合で「郵政百年の悲願を叶えてくれた人」と紹介され、万雷の拍手とともに迎えられた経験もあるのです。そんな私がなぜ今日この立場にいるのか。その謎を解く最初の鍵は財政投融資に生じた時代の変化でした。

一九九七年一二月、橋本龍太郎内閣は省庁再編とともに財政投融資（財投）改革を断行します。この改革が行われる以前の財投は、郵便貯金や年金積立金を大蔵省（当時）理財局が管理する資金運用部に全額預託（預ける）させ、それを住宅金融公庫などの政策金融機関や特殊法人に貸し出すという仕組みでした。

本来、郵便貯金は郵政省、年金積立金は厚生省の管轄であるにもかかわらず、その資金を大蔵省が一括して管理運用するシステムは、予算編成と並んで大蔵省を官庁の中の官庁とする力の源泉であり、資金を召し上げられる官庁からは怨嗟《えんさ》の的となっていました。

しかし、一九九〇年代に入るとこのシステムに逆風が吹きはじめます。そのひとつは、かつては社会資本の充実に役立った財投が高度経済成長を経て、その役割を終えたのではないかという論議でした。具体的には無駄な事業が多い、天下りの温床になっている、という批判となって現れました。

もうひとつは、預託と運用との間に発生するリスク管理の問題です。金利が自由化されればそのリスクはさらに膨らむにもかかわらず、大蔵省はそれを認識せず、どんぶり勘定に近い状態でした。

具体的には、預託する期間については持ち込む側（郵便貯金なら郵政省）任せ、貸出期間も政策金融機関や特殊法人任せという状態だったのです。

一九九一年当時理財局の資金運用部にいた私は、この実情を知って驚きました。なにしろ財投の分母は四〇〇兆円という巨額にのぼります。金利差にわずかな逆ざやが発生すればすぐに数兆円の穴が空くのです。しかもこの当時、世界の金融は自由化に向けて雪崩《なだれ》を打っており、それが日本に押し寄せるのは時間の問題という状況でした。

ＡＬＭの運用でリスク回避

そんななか開発されたのが、ＡＬＭ（Asset Liability Management ＝資産・負債の総合管理）という手法です。これは、資産と負債の変化に対し、金利リスクを考慮した運用を数理的に決定するもので、一九九〇年代初めには多くの金融機関で導入が進みました。数字を扱うことが得意な私はすぐに仲間と研究を始めました。もちろん、あまりに緩い財投運用についてもその危険性を報告し、実用に耐えるALMの原型まで作成しましたが、当時の大蔵省では完全に黙殺されました。理財局を離れる際にはレポートも残しましたが、やはり反応はありませんでした。

風向きが変わったのは、九三年頃からです。私が残したレポートを、当時の理財局の幹部が読んで仰天されたようで、すぐに呼ばれ説明を求められました。翌九四年に私は理財局に呼び戻されました。大変だったのはここからです。秘密が漏れるので外部発注は罷《まか》りならぬ、省内にも漏れないようにあくまでも秘密裏にALMシステムの開発を進めよ、という命令が下ったのです。

結果として私たちはこれを三カ月で完成させることに成功しました。決め手になったのは二年前に作っておいた原型でした。この設計図に沿って作業を進めたことにより、時間を大幅に短縮することができたのです。実は、私のひとりの部下が、私がいなくなった後もシステムがさび付かないように動かしていてくれたのでした。このように、目に見えない仕事をきっちりしてくれている人がいなければ、世の中は動かないのです。

実はわれわれに対し、大蔵省幹部がこれほどの無理を強いてきたのには理由がありました。というのも、当時盛り上がった財投批判には黒幕がいたのです。それは、大蔵省の下部組織扱いをされていた日本銀行でした。彼らが、「財投は酷い状況だ」「財投は国を滅ぼしかねない」という情報をマスコミに流していたのです。その指摘は一理ありましたので、当時の大蔵省は慌てたのです。しかも、それを詳細に指摘した大部のレポートを日銀の調査統計局がすでに用意し、大蔵省に乗り込もうとしていました。当時の幹部が泡を食ったのはこのためです。しかし、その危機はＡＬＭの運用によって回避されました。管理システムが代わったので、日銀のレポートの前提は数字を含めてすべて無効になったからです。

これは、大蔵省のためではなく、財投が破綻したら国民にとって大変だと思ったからやったまでのことですが、大蔵省幹部は本当に助かったといってくれました。私がかりそめにも「大蔵省中興の祖」と呼ばれたのはこの時です。

しかし、同時にこれが私を財投改革、さらには郵政改革へと向かわせる契機となりました。

預託制度の廃止へ

ＡＬＭというシステムの導入で、財投のリスク管理に道を付けることはできましたが、リスクの元凶である預託制度はそのままです。ここにメスを入れないかぎり、財投は大蔵省の時限爆弾であり続けます。というのは、預託には金利リスクよりもさらに大きな問題があったのです。

大蔵省は預託という形で郵便貯金などからカネを集めていますが、預託を受ける際の金利は市場金利よりも割高です。預かる金利が高いのですから、大蔵省が特殊法人などへ貸し出す金利も高くなります。特殊法人は、これを高速道路や空港の建設などの公共事業に投資しますが、借りる金利が高いので赤字になります。そこで、大蔵省はこの赤字分を貸し出し先である特殊法人に対する補助金（税金）投入という形でカバーしていたのです。

ざっくりした数字を挙げると、特殊法人への年間三兆円の補助金のうち一兆円は貸し出し金利の赤字を補填するための支出でした。つまり、この仕組みでは、一見、税金が直接郵貯に投入されているようには見えませんが、特殊法人に配った一兆円は結局、巡り巡って郵貯に回っているのです。

少しわかりづらいので（当事者ですら理解できなかった！）、別な言い方をすると、大蔵省が市場と同じ金利で郵便貯金の資金を預託されていたなら、特殊法人への貸し出し金利も市場金利になりますから、経営を圧迫することはありません。したがって、年間三兆円の補助金のうち一兆円は支出する必要がなくなります。

つまり、この一兆円は財投の中に預託という制度が組み込まれているから発生する支出なので、預託を廃止すればこの税金投入はなくなるのです。

私が「ミルク補給」と名付けたこのカラクリは、ＡＬＭ開発の作業を通してはじめて明らかになりました。一体、誰がこのような巧妙な仕組みを考えたのか、今となってはわかりません。それどころか、この仕組みに乗っかっていた大蔵省、郵政省の当事者にさえその自覚がなかったのです。

とくに郵政省サイドは、何度説明してもこれを理解しませんでした。自分たちが集めたカネを大蔵省に召し上げられてきた、という被害者意識が強かったせいかもしれません。預託廃止は大歓迎でした。大蔵省サイドからすれば、かならず爆発する時限爆弾をパスしただけだったのですが……。

しかし、必要な大型公共投資のためには、預託に代わる資金源をつくらなければなりません。そこで私が資金調達手段として考えたのが、財投債の発行でした。これならば、国民の税負担もなく、完璧なリスク管理も可能になります。しかし、これには省内守旧派から猛然たる反発が起こりました。

先にも記したように、すべての省庁からカネを集める財投は、予算編成と並ぶ大蔵省の力の源泉でした。しかし、かつて権限であったものも、いまや金利の自由化や世論の批判によって完全にリスク要因になったのです。粘り強く省内を説明して回ると、次第にこれが危険な時限爆弾であるという認識が広まり、預託を廃止する財投改革へのコンセンサスができあがっていきました。

ゴーサインが出たのは、九六年になってからです。「財投改革の絵を描け」という指示が下りました。この時点では、省内世論も方向づけがされていたと思います。大蔵省幹部は官邸への根回しを始めました。そして、これが九七年の橋本財投改革となって結実するのです。

自由はかならずリスクとセット

先ほども書いたように、預託廃止を含む財投改革を大歓迎したのは郵政関係者でした。しかし、彼らが「ミルク補給」を含めた財投のシステムをどれほど理解していたのか、大いに疑問です。自由（自主運用）は、かならずリスクとセットだからです。

市場から集めてきた資金（郵政の場合は郵便貯金や簡易保険）に金利を付けて貸し出すのですから、かつての財投がやっていたことは基本的に銀行と同じことです。しかし、八〇年代後半以降の世界的なカネあまり、それと表裏一体となった金融の自由化により、銀行というビジネスは大きくその形を変えていくことになります。

大蔵省内で、自らの力の源泉と考えてきた財投の預託廃止にコンセンサスが得られた背景には、こうした金融の大変動もありました。この財投改革が行われた一九九七年は、山一證券や北海道拓殖銀行などの大手金融機関が破綻した年であり、いわゆる日本版ビッグバンも前年から始まっていました。巨額の資金を持つだけで金融ビジネスができるなどという時代では完全になく、ハイリスク・ハイリターンが金融ビジネスのベースになっていったのです。

自主運用となった郵貯には、民営化の道しかなかった

しかも、自主運用となった郵貯資金には、手かせ足かせがはめられていました。郵貯では、国債、地方債などの公債しか扱うことができないのです。これは、巨額資金がいきなり市場に流れる混乱を避けるという意味もありますが、現実には運用実績のない郵貯関係者にリスクのある金融商品を扱うことなどできるはずないですし、もっと本質的な理由として郵貯は「国有だから」というのがありました。

民営化とは、株式の民間所有と民間による経営のことです。政府の出資がないので、民間とイコールフッティング（競争条件平等化）となり、民間と同じ業務が可能になります。この点は、貯金や保険などの金融業務では決定的に重要です。

金融は、リスクを引き受けて収益をあげるビジネスです。しかし、国有で、政府からの出資があり、政府が後ろ盾になっているなら、民間金融機関とは対等でないので、民間との競争はできません。ですから、国有で政府出資があるうちは業務に制限が必要なのです。

一方、これを株主である国民側から見ると、リスクを引き受けて収益を得るという金融業務の性格上、業務の失敗で国民負担が増えるのは困るので、あらかじめ業務に制限を課す、ということになります。

この国有の金融業務には業務制限があるというシンプルなことを理解しておけば、郵貯問題への対処法はすぐにわかります。

自主運用になっても、すでに、預託していたときにはあった金利の上乗せもありません。これが年一兆円にのぼったことは先に紹介したとおりです。これでは、素っ裸で手足を縛られ、嵐の海に放り込まれるのと同じです。生き延びるためには、手足を縛るロープを切らなければなりません。実はこのロープを切る刃こそ「郵政民営化」だったのです。

民間の世界では当たり前ですが、自由になるということはリスクを取るということです。

これは逆も真なりで、リスクに挑戦するということは自由になるということです。

ではリスクを取るとはどういうことでしょう。いうまでもなく、リスクに挑戦して失敗したときには自己責任ということです。しかし、これは官の世界では成り立ちません。責任がとれないのです。それでもリスクに挑戦しなければ生き延びることができないとすれば、官を脱して民に移る、すなわち「民営化」しか道はないのです。

私が、たとえ小泉政権がなかったとしても、郵政には民営化しか道がなかったというのはこのことです。もちろん、小泉純一郎という稀有な政治家がいたことにより、政治的にはそのスピードは速まったかもしれません。しかし、民営化の経済的な構造とは、基本的にこのようなものだったのです。

民営化か、「三位一体の復活」か、選ぶのは国民

いうまでもなく、民営化は郵政潰しではありません。郵政が生き残っていくために民営化の道筋をつくったのです。郵便事業の現業部門は赤字です。だからこそ金融のプロを三顧の礼で迎え、郵政事業が一体的に成り立つ経営をしてもらう体制をつくりました。

しかし、社長だけでこれはできません。プロとしての経験とノウハウを持った人材が必要

です。社長就任に当たって西川善文氏が伴ってきた人びとはこうした人材だったのですが、そのうちかなりの人びとはすでに日本郵政を去り、残ったのは役人ばかりです。

若干の民間人もいますが、形だけは「民営化」でも中身は「再国有化」ですから、民間の人は本来の実力を出し切れないでしょう。なにしろ、会社のキモは人事ですが、それを民間人ではなく役人がやっているのですから。これでは民間会社とはいえず、役所そのものです。

本当に「デキる」民間人は、役所体質に合わないからでしょうか、どんどん追い出されています。

たとえば、郵便事業会社の北村憲雄会長は二〇一〇年三月に退任しました。北村会長は二〇〇七年の郵政民営化にあわせて、トヨタ自動車から会長に就任しました。

日本郵政の西川善文前社長から元大蔵事務次官の斎藤次郎現社長への交代劇も、「民から官へ」を実感させられましたが、新たな民間出身者の退任で、民営化路線からの転換がより一層明確になりました。

郵貯資金を預託していた時代には、巧妙な「ミルク補給」のシステムによって年間一兆円の補填がありました。実はこの一兆円という数字は、郵政事業全体に関わる年間の経費に当たります。「ミルク補給」も絶たれ、稼ぎ頭となる民間人も追い出したいま、郵政が生きるためには、新たに法律をつくって一兆円の税金を投入し続けるしかありません。

加えて、亀井郵政改革相は郵政の非正規職員を正規化するとしています。これでまた、年間三〇〇〇億円が必要です。郵政の維持コストは、年間一兆三〇〇〇億円に膨れました。

国有のままで業務を自由にすれば、年間一兆三〇〇〇億円もかからないという議論もあります。でも、これは先ほど説明したように、民間金融機関と競争条件が対等ではないので、民業圧迫になります。WTO（世界貿易機関）のルールでも不公正ということになります。

そもそも国有、すなわち「武士の商法」で業務を自由に拡大すると、まず失敗します。これは過去の歴史が証明しています。

ですから業務を自由に拡大すると、ほとんどの場合、その失敗を国民が穴埋めすることになるか、ごくまれに成功しても民業圧迫になり、どちらに転んでもマズイのです。

はたして国民はこれを支持するでしょうか。現在の国会状況ならそれを可決することは可能でしょう。しかし、また三年半以内にはかならず選挙が行われるのです。そのとき、国民の選択はどうなるでしょうか。

選挙といえば、今後の郵政がどのような形態になるかには、大きな影響力を持ちます。かつて公務員だった郵政職員は、民間になったことで政治活動の自由を手に入れました。つまり民主党の支持団体である連合において、自由に政治活動ができる組合員が大幅に増えたことになります。彼らが公務員か非公務員かは、政治状況に一定のインパクトを与えるでしょう。

事業組織のあり方についても、民間企業の形態を事実上否定し、かつ政府が利用しやすくすることを考えるなら、特殊法人という発想が出てくるかもしれません。民主党案では政府が郵政の株式を持ち続けるのですから、どんなに民間会社だといっても、実は特殊法人の中に位置づけられる特殊会社にすぎません。

いずれにせよ民営化なしで郵便事業を継続するなら、税金の投入は避けられません。税金投入にはもれなく天下りがついてきます。生まれ変わった特殊法人は、郵政ファミリーの中核となるでしょう。これこそまさに「三位一体の復活」です。

繰り返しますが、そうなるかどうかは、まさに国民の選択なのです。

タカハシ先生に聞いてみよう11
借金が九七三兆円もあって、日本は大丈夫なの？

債務残高の対ＧＤＰ比

少し前までは新聞やテレビでも日本の借金八〇〇兆円、ＧＤＰの一・八倍といっていましたが、二〇一〇年一月二五日の報道では、それが平成二二年度末には九七三兆円となると伝えられました。もちろんこれは、決してでたらめな数字ではありません。

この債務残高の対ＧＤＰ比は、なかなか難しい問題をはらんでいます。まず、その歴史から見ていきましょう。

日本のデータを見ますと、債務残高の対ＧＤＰ比は、日露戦争のころに七〇％まで上昇し、その後は一九二〇年くらいまでに約二〇％まで低下し、その後急増し、第二次世界大戦時の一九四四年には二〇〇％を超えました。戦後は、一九六五年までに約五％に低下しましたが、国債発行を再開してから上昇し、バブル期に一時的に低下したものの、とくに一九九五年くらいから急上昇し、いまでは約一九〇%にまでなっています。

日本より長期的なデータがとれるイギリスの例を見てみますと、ナポレオン戦争のころに二五〇%を超えるピークがありましたが、その後低下し、一九二〇年くらいには約三〇%になりました。その後は再び上昇し、第二次大戦後の一九五〇年くらいに再び二五〇%近くまで上昇したのです。その後低下し、一九九〇年くらいには約三〇%だったのですが、また上昇し、現在は約八〇%になっています。

この比率は、分子が債務残高、分母がGDPですので、分子・分母の動きで変わります。日本やイギリスのデータを見ますと、分母のGDPの動きで説明できることが多く、とくに、日本の一九九五年以降の動きは、分母のGDPがほとんど伸びない中で債務残高が伸びたためで、もしGDPが四%程度伸びていれば、これほど急激には上昇しなかったでしょう。

しかし、このように債務残高の対GDP比を見るのが普通のやり方かといえば、かならずしもそうとはいえません。私が「普通」というのは、「世界標準」という意味です。

通常、世界の先進国では、財政の数字は企業と同様にバランスシート（貸借対照表）で判断します。

日本の財政をバランスシートで見ると

バランスシートの右側には負債があります。日本の場合、それが八〇〇兆円という数字になります。それはそれで重要な情報ですが、バランスシートによってその八〇〇兆円の借金が何に使われているのかがわかってきます。このように内容を知るということが重要なのです。内容を正しく知れば、八〇〇兆円という数字に驚いて思考停止に陥ることもなくなります。

バランスシートの考え方はとても役に立ちます。バランスシートを知っているかいないかでは、社会人になって雲泥の差が出ます。私はつねづね、会計・簿記と英語だけは、学生時代にしっかり学んでおくようにいってきました。これらは本当に役に立ちます。逆にいうと、会計・簿記と英語ができないまま社会人になった人は——これが結構多いのですが——大きなハンデを背負うことになります。

会計・簿記については、きちんとした教科書を読んでもらいたいのですが、簡単にいえば、バランスシートの右側を見れば、どこからお金がきたのかがわかります。左側を見れば、それをどのように使ったのかがわかります。

ここだけの話ですが、テレビなどで〝立派そうに〟経済を解説している人が、まったく会計・簿記の知識を持っていないこともしばしばです。ですから、会計・簿記を理解すれば、テレビなどのデタラメな解説がすぐにわかります。

バランスシートを見ていくと、日本には八〇〇兆円の借金と同時に五〇〇兆円の資産があることがわかります。そういわれると安心するかもしれませんが、逆の見方をすれば、五〇〇兆円は資産として残ったけれども、三〇〇兆円は消えてしまったことになります。ですから、この三〇〇兆円というのはやはり大変な数字なのです。

では、この三〇〇兆円を何に使ったかを調べると、これは主に赤字国債を発行して使ってしまった、ということです。

一方、資産の五〇〇兆円は何かといえば、道路や役所の建物などの二〇〇兆円と、特殊法人や独立行政法人への貸付金や出資金が三〇〇兆円です。つまり、借金八〇〇兆円のうち五〇〇兆円が、道路や役所の建物などと特殊法人や独立行政法人の債務・出資の肩代わりに使われたことがわかります。そして、これらの特殊法人や独立行政法人にも同様に債務と資産があります。これらの資産があるので、五〇〇兆円がまったく消えてなくなったわけではないことがわかります。こうした見方ができるのが、バランスシートです。

課税権は簿外資産

なお、バランスシートで財政を見る場合の注意点を書いておきます。

民間企業の場合、債務が返済できるかどうかは、簡単にわかります。企業のバランスシートを調べ、債務より時価で見た資産が大きければ問題ないと考えていいでしょう。というのも、最悪の場合、企業を解体して資産を売れば債務を返済できるからです。要するに、資産を時価評価した実質的なバランスシートにおいて、債務超過に陥っていなければ問題ないのです。

国の場合、それほど事情は簡単でありません。

日本のバランスシートを見ますと、先ほどいったように三〇〇兆円の債務超過です。民間の基準だと明らかに破産状態ですが、国の場合には、これは債務を返済できないことを意味しません。なぜなら、国には「課税権」があるからです。

ちなみに、米国の連邦政府のバランスシートにも、「資産・負債差額（ネットポジション）」とは資産と負債の差額である。ネットポジションが大幅なマイナスであっても、政府が支払不能ということではない。政府には、課税権や国全体の経済基盤という債務償還のための特有の手段があり、これにより、政府は現在の義務と将来の政府活動から予想される義務を果たすことができる」という解説が付されています。

つまり、国の課税権は簿外資産と考えていいのです。

これをちょっと別の観点から考えてみましょう。

国の債務が返済可能かどうかは、国に将来のキャッシュフローをもたらす課税権と国の債務残高が見合っているかどうかで決まることになります。そして、課税権による国への将来キャッシュフローは、一定の経済成長率を仮定すれば、現在のGDPと比例関係にあります。つまり、課税権と債務残高が見合っているかどうかは、先ほど出てきた債務残高の対GDP比（債務残高／GDP）が上昇傾向なのか、低下傾向なのかで判断できるわけです（このことさらに後述）。ですから、債務残高の対GDP比の動きが、財政破綻かどうかを判断する指標になるのです。

端的にいえば、負債が資産を上回っている部分がGDPに比べて分不相応に大きくならないようにしよう、ということです。そのための標準的な尺度が、プライマリー・バランスです。

世界標準はプライマリー・バランス

プライマリー・バランスとは「基礎的財政収支」ともいい、国債の発行や過去の債務の利払いを除いた財政収支のことです。

こういう言葉は雰囲気で「理解」してはダメで、正確に理解しましょう。きっちり数字で理解することが大切です。

通常、

歳入＝税収等＋国債発行額
歳出＝国債費＋一般歳出等

で、

歳入＝歳出

になります。

プライマリー・バランスとは、

税収等－一般歳出等

です。

会計を知っている人なら、普通の会社で、本業以外の金融収支の部分を除いた「営業収支」に似ていることがわかるでしょう。

また、先ほど歳入＝歳出といいましたが、それは、

税収等＋国債発行額＝国債費＋一般歳出等

ということなので、

税収等－一般歳出等＝国債費－国債発行額

となり、プライマリー・バランスは、

国債費－国債発行額

といいかえることもできます。

これが均衡、すなわちトントンであれば、営業収支はまあまあということができ、財政はある程度健全であるといえます。

この場合、この年の債務の増加は利払い分だけになります。もし、その利払いの利子率と経済成長率が同じだとすれば、債務残高の対ＧＤＰ比は一定となります。

世界では、こうした考え方で財政の健全性を判断しているのです。

プライマリー・バランスと、債務残高の対ＧＤＰ比の関係

ちなみに、二〇一〇年三月一六日の参議院財政金融委員会で、菅直人副総理・財務相が、財政のプライマリー・バランスについて「念頭にあるが、残念ながら今すぐ目標を立てるには早すぎる」「まずは（公的債務残高の）ＧＤＰ比の安定を目指す」と答弁しました。

この答弁を見るかぎり、菅財務相は、プライマリー・バランスのバランスと、債務残高の対ＧＤＰ比とが深く関係していることを理解していないようです。これで、財務大臣が務まるのでしょうか。
プライマリー・バランスのバランスと、債務残高の対ＧＤＰ比には、次の関係があります。

公債残高ＧＤＰ比の改善
＝プライマリー・バランスＧＤＰ比の黒字＋（成長率－金利）×一・五

これは、私が経済財政諮問会議で配った資料に出ています。その資料は、小泉総理も見ました。竹中平蔵さんは、この式で財政が全部説明できる、と喜んでくれました。そのときから、私はこの式を「博士が愛した式」と呼んでいます。これは、後ほど「国が破綻するってどういうことなの？　日本は大丈夫？」の項でも使います。興味のある方は、下記ホームページをご覧ください。
http://www5.cao.co.jp/keizai-shimon/minutes/2006/0316/item3.pdf

国債発行残高、国債依存度は無意味

日本では、財政当局が国債依存度などという、世界ではほとんど用いられない数字をマスコミに垂れ流し、それによって国民を一時的なショック状態に陥らせるようなことが行われています。

国債依存度というのは、新規国債発行額が予算歳入の何%を占めているかという数字です。新規国債発行額は、普通の国では、国債残高の一年間分の増加額に等しい額ですが、日本では、国債残高の一年間分の増加額に、政府内に貯める資金（二〇一〇年度予算の数字でいえば一〇兆円）を加えた額になっています（本書ではこのように解説していますが、財政学の教科書には載っていません。この一〇兆円については後述）。

一般の人が、こんな数字をいきなり突きつけられても、その内容はよくわかりませんし、他の国々と比較することもできません。これでは、結局、国民の頭に残るのは、なんだか日本は大変なことになっているらしい、という漠然とした不安だけです。

プライマリー・バランスという考え方には、国債発行残高も国債依存度もありません。重要なのは、毎年の政策的な経費が税収などの収入で賄われていることで、それがプライマリー・バランスなのです。日本が、国内でいかに特殊な議論をしているかがわかります。

たとえば平成二一年度の当初予算では、国債の発行額は三三兆円でした。これがのちに補正予算の一一兆円を足して、四四兆円になります。

鳩山内閣がはじめて取り組んだ二二年度の予算編成では、この四四兆円を超えるか超えないかが大きな話題になっていましたが、プライマリー・バランスの話のあとでは、これがいかに世界標準から乖離《かいり》した話であるかがよくわかるでしょう。

わけのわからない一〇兆円

しかも、ここにはさらに不思議なカラクリが隠されています。

まず、この三三兆円は八九兆円の歳出に対して五六兆円しか税収がなかったので出てきた数字です。しかし、この八九兆円という歳出のうち二〇兆円は国債費なのです。国債費といわれれば、これはかならず支払わなければならないものだと誰もが思いますが、この二〇兆円のうち、本当に支払わなければならない利払いは一〇兆円だけです。あとの一〇兆円は、実は債務償還費という名目で国債の借り換えに使われています。あまりに不思議な話なので、すぐには理解できないことと思います。

つまり、一〇兆円の予算を使って国債を一〇兆円償還（返済）するのではなく、ただ借り換えているのです。このわけのわからない一〇兆円が、三三兆円発行した国債の三分の一を占めています。

しかもこれが、一般会計に繰り込まれ、その一方で財務省は、国の借金が八〇〇兆円を超えた、間もなく九〇〇兆円を超えるという、国民に対する恫喝《どうかつ》を繰り返しているのです。

先ほど、日本の新規国債発行額は他の先進国と比較して一〇兆円多いと書きましたが、その一〇兆円の正体がこれなのです。

消えたプライマリー・バランス

国債依存度という他に例のない数字を使って財政が大変だというのも日本の財務省だけ、国債償還費を一般会計に繰り入れているのも日本だけです。その同じ日本で、国債発行高が四四兆円を超えるか超えないか、などという話題でマスコミが盛り上がっています。これは一体どういうことでしょう。

その真意は量りかねますが、財務省はこうした会計操作を毎年繰り返しています。その旧弊を打破するために、小泉政権下では竹中財政金融担当大臣がプライマリー・バランスという国際標準で議論することを提唱したのです。他の先進国では、プライマリー・バランスがどうなったかが重要なのです。

日本では、竹中さんが経済財政担当大臣になるまで、プライマリー・バランスという用語すら、新聞に載りませんでした。その当時の財務省の事務次官も、プライマリー・バランスということばを知らなかったというのは有名な話です。しかし、いまやこのことばはマスコミからも政界からも消えてしまいました。いま語られているのは、旧態依然とした新規国債発行額、国債依存度など、日本でしか通用しないものばかりです。

民主党政権が、本当の意味で霞が関主導、財務省主導から脱却しようとするならば、このあたりから文化を変えていく必要があります。

タカハシ先生に聞いてみよう12

国が破綻するってどういうことなの？日本は大丈夫？

まず「破綻」を定義すべき

最近、「民主党の経済運営がマズイので、財政破綻してしまう」という話がしばしば出てきます。

この手の話について、まず指摘しておきたいのは、みんなが心配する恐ろしい話をしておくほうが無難だということです。「日本は絶対に大丈夫」なんていっても、信じてもらうのは大変ですし、「日本は財政破綻する」といって予想が外れても、みんなにとって良い結果なので恨まれることがないからです。ですから、こういう悲観論には、適当に話を合わせておけばいいのです。

しかし、たまには本当にどうなるのか考えるのもいいでしょう。そのときに重要なのは、言葉の定義をしっかりしておくことです。

たとえば、国が破綻するという人は、多くの場合「国の破綻とは、国債が暴落すること」といいます。では、国債の暴落とはどういうことでしょうか。それはもちろん、国債価格が急落することです。

日本で典型的な一〇年国債の場合、いまは金利が約二%ですが、これが五%になれば、国債価格は二五%低下します。金利が一〇%になれば五〇%低下します。

暴落とは、国債価格がどのくらいの期間で何%低下することをいうのか。これを明確にしない限り、議論は無意味です。

国債の金利が五%でも破綻しなかった事実

国が破綻するという人の中には、一〜二年の間に国債価格が約二五%低下することを指している人もいるようです。

しかし、国債価格の二五%の低下は、日本がノーマルな成長をすれば——名目経済成長率(GDPの名目額の伸び率のこと。物価変動の影響を取り除いた成長率は、実質経済成長率)

が四～五％になれば、国債金利も四～五％になるので、当然のことです。そうした当然の変化も、「国の破綻」といっしょに議論されていることがあります。

この場合、ＧＤＰも増えていますから、税収も上がり、問題にはなりません。かつて名目成長率が四～五％のときに国債金利が四～五％でも、財政問題が生じなかったという事実からもわかるでしょう。

現在のデフレ状況、すなわち名目経済成長率がゼロの世界に慣れ親しんでしまい、金利の上昇に敏感になりすぎている人が多いというのが実態です。

名目経済成長率が四％以上なら、財政再建は可能

では、国が破綻するとは、一体どういう状況を考えたらいいのでしょうか？

ひとつの有力な考え方として、債務残高／名目ＧＤＰ（債務残高の対ＧＤＰ比）の、数学的な意味での「発散」（無限大に大きくなること）という定義があります。

国債金利が五％くらいに上がれば、国債価格が二五％くらい下がることは、先のように計算でき、債務残高／名目ＧＤＰが「発散」するわけでないので、この意味での「国の破綻」とはいえません。

この「発散」のための条件は、厳密に数学で表現できます。大雑把にいえば、プライマリー収支が改善していくのがわかれば、債務残高／名目ＧＤＰは「発散」しません。

実は、債務残高／名目ＧＤＰの動きを決めるのは、プライマリー収支／名目ＧＤＰの動きと、名目ＧＤＰ成長率と国債金利の大小関係です。これは、先ほどの「博士の愛した式」を思い出せば理解できます。

後者の名目ＧＤＰ成長率と国債金利の大小関係は、短期間にはいろいろな条件で変わるのですが、長い目で見ればだいたい同じくらいになるので、やはり、プライマリー収支／名目ＧＤＰが改善していけば、債務残高／名目ＧＤＰはあまり大きくならないのです。

もっとも最近では、名目ＧＤＰ成長率が四％を超えると、国債金利を上回る傾向があるので、四％の名目ＧＤＰ成長率は黄金率です。

税金には所得税のような累進構造があるので、名目成長率が高まると、税収はそれ以上に増えます。これは税収の弾性値といって、成長率が一％増えたとき、税収は何％増えるかという指標です。日本では税収の弾性値は一・一くらいで、成長率以上に税収は増えます。だから、名目ＧＤＰ成長率が四％以上なら、財政再建は問題なくできます。

要するに、国が破綻するかしないかは、名目ＧＤＰ成長率を四％以上にできるかどうかにかかっているのです。

名目四％成長は難しくない

名目ＧＤＰ成長率は、各党の経済政策、特に増税とおおいに関係してきます。このまま無為な政策を続けていけば、日本の財政状況が危うくなるのは誰の目にも明らかでしょう。財政状況を好転させるために「増収」で対応するのか、「増税」で対応するのか、名目ＧＤＰ成長率の数字によって、違いが出てきます。

二〇〇九年の総選挙でのマニフェストを振り返っておきましょう。

自民党は、「二〇一〇年度後半には年率二％の経済成長」、「一〇年で家庭の手取りを一〇〇万円増やし、一人当たり国民所得を世界トップクラスにする」と書いていました。これは「名目二％の経済成長で、一〇年間で所得を二割増」ということと同じです。しかし、これでは、一人当たり国民所得はトップクラスにはなれず、逆に、現在の世界二〇位前後からさらに落ちてしまいます。

一方、民主党には経済成長戦略の記述がありませんでした。だから、自民党のデタラメなマニフェストさえ批判できず、逆に成長戦略がないといわれる始末です。要するに、昨年の総選挙では、まともな経済成長戦略は議論されないまま、政権交代が行われたのです。

政権を取った民主党は、今度はどうするのでしょうか？

二〇〇九年一二月三〇日、政府が発表した「新成長戦略」では、一〇年間で名目三％成長となっています。これまで経済産業省の官僚が書いてきた従来の成長戦略のままで、その内容はかなり杜撰ですが、一応名目三％成長をうたっています。

しかし、増税などに関わる「中期財政フレーム」について、二〇一〇年四月六日、政府が公表した論点整理にはこうあります。

「ベースラインの前提としては『プルーデント（慎重）』な経済見通しを採用し、『目標』である新成長戦略の目指す成長率とは区別すべきである。「慎重な」経済見通しは、（中略）例えば、日本の潜在成長率は市場関係者から1％程度と見られていることが参考となる」

要するに実質経済成長率は最大一％といっています。インフレ率は、日銀が〇～二％としていますので、これまでのようにデフレでないなら平均一％。これと先ほどの実質経済成長率一％を合わせれば、名目成長率は最大でも二％ということになります。

結局、鳩山政権も自民党時代と同じ、名目二％の経済成長が目標なのです。新成長戦略も「中期財政フレーム」も二〇一〇年の六月には決まりますが、この名目二％成長を基本として、夏に行われる参議院議員選挙のマニフェストがつくられるでしょう。

一方、自民党の新成長戦略ですが、同じく四月一五日に「名目四%の経済成長により一〇年間で所得を五割増」と一部で報道されました。ちなみに、二〇〇九年の総選挙で、みんなの党は「経済成長戦略や物価安定目標の策定等により、名目四%の経済成長で、一〇年間で所得を五割増」をマニフェストに掲げていました。自民党内には、みんなの党の人気にあやかりたいばかりに、政策のパクリを辞さない人がいるようです。

なお、名目四%成長は、世界から見れば決して高くありません。「先進国クラブ」であるOECD（経済協力開発機構）の最近一〇年間の平均名目成長率は五・六%です。日本はゼロパーセントで最下位ですが、仮に四%になっても、下から六番目くらいです。

プライマリー収支の改善は、経済成長の後からついてくる

財政改善が経済成長の後からついてくるのは、小泉政権の後半からプライマリー収支が急速に改善したことを思い出せば、理解できます。

二〇〇三年度に二八・四兆円の赤字であった日本のプライマリー収支は、歳出カットもあり、二〇〇七年度にはわずか六・四兆円の赤字まで回復しました。収支均衡まであと一歩の

ところまで来たのです。二〇〇四年度から二〇〇七年度にかけて、名目成長率は平均で一・一%にすぎませんが、二二兆円もプライマリー収支は改善しました。

もし、その間名目四%成長だったなら、二〇〇七年度のプライマリー収支は、数兆円程度の黒字になったでしょう。名目四%成長なら、少しの歳出カットさえあれば、増税なしで一〇年後には基礎的財政収支の黒字化が達成できるでしょう。そうなれば、もう誰も国の破綻なんていわなくなるでしょう。

一方、名目二%成長では、プライマリー収支は容易に改善しません。この場合、一〇年の間に少なくとも二%以上の消費税増税が必要になるでしょう。その体力が日本に残っていなければ、それは日本の破綻を意味します。

増税に追い込まれないためには、名目四%成長ができるかどうかがカギです。そのためには、先進国並みの、物価安定目標などのマクロ経済運営や成長戦略が欠かせないのです。

第2章　社会保障制度の大問題

タカハシ先生に聞いてみよう13

年金は積立方式にすればいいんじゃないの？

ゼロから議論はできない年金制度

年金の方式はいくつかありますが、大きくは、現在働いている現役世代が払い込んだお金を現在の高齢者世代に回す賦課方式と、個人が口座を設定して現役時代に積み立てたお金とその運用益を老後に受け取る積立方式に分けられます。さらに後者の積立方式には、運用成績次第で給付額が変わる確定拠出建てと、予定利回りを設定して給付額を先に決める確定給付建てがあります。

日本の公的年金は、修正積立方式といわれますが、実態はほぼ賦課方式です。平成一八年に年金記録漏れ問題が大きく報道されたことに加え、長引く不況や将来への不透明感から、国民年金を払わない、あるいは払えない若年世代の増加がクローズアップされ、賦課方式そのものを疑問視する論調が現れてきました。その際、有力な対案として論議されるようになったのが積立方式です。

今日までこうした一連の経緯はあったのですが、私たちが年金を議論する場合ひとつの大きな前提があります。それは、私たちは年金問題をゼロから議論することはできない、ということです。すでに数十年にわたり賦課方式で運営してきたという歴史的事実の果てに、現在の年金問題はあるのです。それを無視して議論することは、ほとんど無意味といわざるをえません。積立方式についても、これを念頭において考えなければならないのです。

日本では賦課方式に対する不信から積立方式が登場してきたのですが、これは個人の口座で行うことが基本なので、実は国が関与する部分はごくわずかになります。この方式で一番簡単な方法は、それぞれが自分で選んだ金融機関に自分の口座を持つという法律をつくることです。これをチリ方式という人もいます。賦課方式は信用できないので、自分の年金は自分で積み立てるということです。

この場合、国がやるのは、賦課方式から積立方式に変更し、積み立てなかったら処罰するという法律をつくることくらいです。元来国は年金保険料を集めるだけで、運用は民間銀行がやるものです。ですから、国の関与は大幅に減少します。現在の議論は、現行制度に対する不信から発しているので、これはむしろメリットと捉えるべきかもしれませんが……。

ふたつの年金を払い続けますか?

これで、多くの国民が安心だと思えるなら、たしかに積立方式もいいでしょう。しかし、いまは誰も積み立てていません。なぜなら、これまでは賦課方式だったからです。賦課方式の下で、すでに私たちが支払った年金の九割以上は親の世代に支払われています。

もしここで新たに積立方式を選択するならば、今日から自分が高齢世代になる日のために積み立てを始めなければなりません。しかも、それだけではありません。同時に、現在の高齢世代を扶養するために賦課方式の年金も支払わねばならないのです。つまり、ふたつの年金を何十年間かにわたって支払い続けるということです。

これはどこまで現実的でしょうか?

学者なら独自の意見が求められるので賛成する人もいるでしょう。移行期間を長くとれば、二重の負担が薄らぎ原理的には可能です。しかし、ほとんどの人からは「移行期間が一〇年、二〇年でも二重の負担はイヤだ」という答えが返ってくるでしょう。そうなると、これはほとんど議論の余地がなくなるでしょう。年金問題をゼロから議論できないというのは、まさにこのことなのです。

この場合、年金システムを変えるコストと変えるメリットとの比較になるわけですが、コストはとても大きいのに、メリットはたいしたことがないのです。

年金というのは、いくら払っていくらもらうというシステムですが、国民全体で長い目で見れば、払ったお金ともらうお金は同じになるので、積立方式でも賦課方式でも、国民にとって大差ありません。つまり国民からは、大きな差に見えないということです。また、賦課方式であっても、個人が払ったお金ともらうお金を具体的に示すこともできます。

他の国々の歴史を見ても、途中から年金の方式を変えた国はほとんどありません。結局できないのです。方式を変えるより、その方式の中で、修繕を加えていくという方法が多いのです。

タカハシ先生に聞いてみよう14

話題の「負の所得税」とは何ですか？

必要不可欠な年金、医療、介護、生活扶助を含んだ社会保障システム

年金の問題が大きくクローズアップされたのは、直接には記録漏れや未納の問題でしたが、さらにその背景にあるのは高齢人口の増加と長期化する不況のなかで拡がる若年低所得層の存在です。そうした状況のなかで年金不祥事が噴き出したことから、不信が増幅したわけです。

こうした背景を考えると、現在の日本では高齢者にとっての年金問題ばかりが議論されていますが、実際にはそれを支える若年層の貧困対策や失業対策、さらには少子化や子育て支援、介護などに対応する社会保障全体を考えなければならないことが見えてきます。すると、必然的に省庁の垣根を越えた総合的な社会保障システムの構築に向かわざるをえません。

実は、社会保険庁の年金記録の事務に問題が多いことは、政府内ではかなり以前から認識されていました。経済財政諮問会議でもその対応策が議論されましたが、その際には従来の杜撰で非効率な年金管理システムを改めるだけでなく、年金や医療、介護、生活扶助などを含む総合的な社会保障システム、すなわち社会保障個人勘定の構築が指向されました。二〇〇一年にはじめてまとめられた骨太方針では、次のように書かれています。

ＩＴの活用により、社会保障番号制導入とあわせ、個人レベルで社会保障の給付と負担が分かるように情報提供を行う仕組みとして「社会保障個人会計（仮称）」の構築に向けて検討を進める。

これに対して、当時の坂口力厚生労働大臣は「損得勘定を助長する」と見当違いの反論をしました。「個人」という単語に反応したのかもしれませんが、要するに厚労省は問題の多い社会保険庁に外部の目が入ることによって、さまざまな不祥事が発覚することを恐れていたのでしょう。

私は、この社会保障個人勘定で、当時から認識されていた年金記録問題も解消しようと思ったので、その後、毎年のように、経済財政諮問会議で取り上げています。しかし、毎年、厚生労働省の反対にあって、この構想が日の目を見ることはありませんでした。

しかし、結局は平成一八年頃から年金の記録漏れ問題が国民的な課題となったことにより、厚生労働省はやっと重い腰をあげて、それまでの防戦一方から多少でも改革に向けた姿勢をとらざるをえなくなり、厚労省内の「医療・介護サービスの質向上・効率化プログラム」の中の一項目として「社会保障カード（仮称）の導入」を加えました。何となく名前は似ていますが、その内容は私たちが構想していた社会保障個人勘定とはまったく別のものです。

そもそも、それまでの年金記録は通し番号で管理されておらず、それどころかその基本的な情報は、氏名、性別、生年月日の三つだけでした。

誰が考えてもわかることですが——といっても高校程度の数学を使いますが——この三つの要素では日本人一億二〇〇〇万人のうちの一人の個人を特定することは不可能です。

このような杜撰な管理が罷り通ってきたのは、日本の年金は国民が申請するという申請主義と、それを役所が裁定する裁定主義が建前になっていたからです。これでは、年金がもらえないことになっても、その責任はあくまで国民の側にあり、役所には責任がないということになってしまうのです。

私たちが提唱した社会保障個人勘定は、永年にわたって放置されてきたこのでたらめで杜撰なシステムを改める目的ももちろんありましたが、目的はそこだけではありません。

二〇〇一年の骨太方針にも書いたように「ＩＴの活用により、社会保障番号制導入とあわせ、個人レベルで社会保障の給付と負担が分かるように情報提供を行う仕組み」の構築を目指すものですが、この場合の社会保障は年金や医療、介護保険にとどまりません。また、負担についても、単に年金や保険料の徴収を管理するだけではありません。

負の所得税とは

私たちがこうしたことを考えた背景には、〝社会保障と税の統合化〟という世界的な潮流がありました。そして、そのルーツとなったのが、ノーベル賞学者で新自由主義の旗手であるミルトン・フリードマンが提唱した「負の所得税」です。

フリードマンといえば、政府の役割は最小限にすべきと唱えた人で、社会保障などには関心がなかったと思われがちですが、実はこの分野でも先進的なアイディアを出しているのです。なかでもこの「負の所得税」は非常に明快で理解しやすいものです。

「負の所得税」とはマイナスの所得税という意味です。本来政府に支払うべき所得税がマイナスになるということは、逆に政府から給付金が賦与されるということです。

この「マイナス」という表現はとても数学的です。税金も給付金も本質は同じもので、政府にカネを出すか政府からカネをもらうかの違いであって、その符号がプラスかマイナスかの違いだけというのは、素敵な考え方です。

その基本的なコンセプトは次のようなものです。

所得の高い層は、所得税率の軽減があれば、減税になって恩恵を受けることができますが、所得が課税最低ラインより低く、税金を納めていなかった低所得層にこの恩恵はありません。

そこで、課税最低ライン以下の人は税金を納めるのではなく、マイナスの税金、つまり給付金をもらうと考えれば、図1のように、課税後の所得が課税最低ラインのところで屈折するのではなく、きれいな直線が描けます。

実際の所得とこのラインとの差額を一定割合で給付する。これが「負の所得税」という考え方です。

しかし、これをそのまま実施したのでは、所得ゼロ——すなわち職に就かず、労働していない人がかなりの給付を受けることになってしまうため、フリードマンがこれを提唱した四八年前には政策として採用されることはありませんでした。

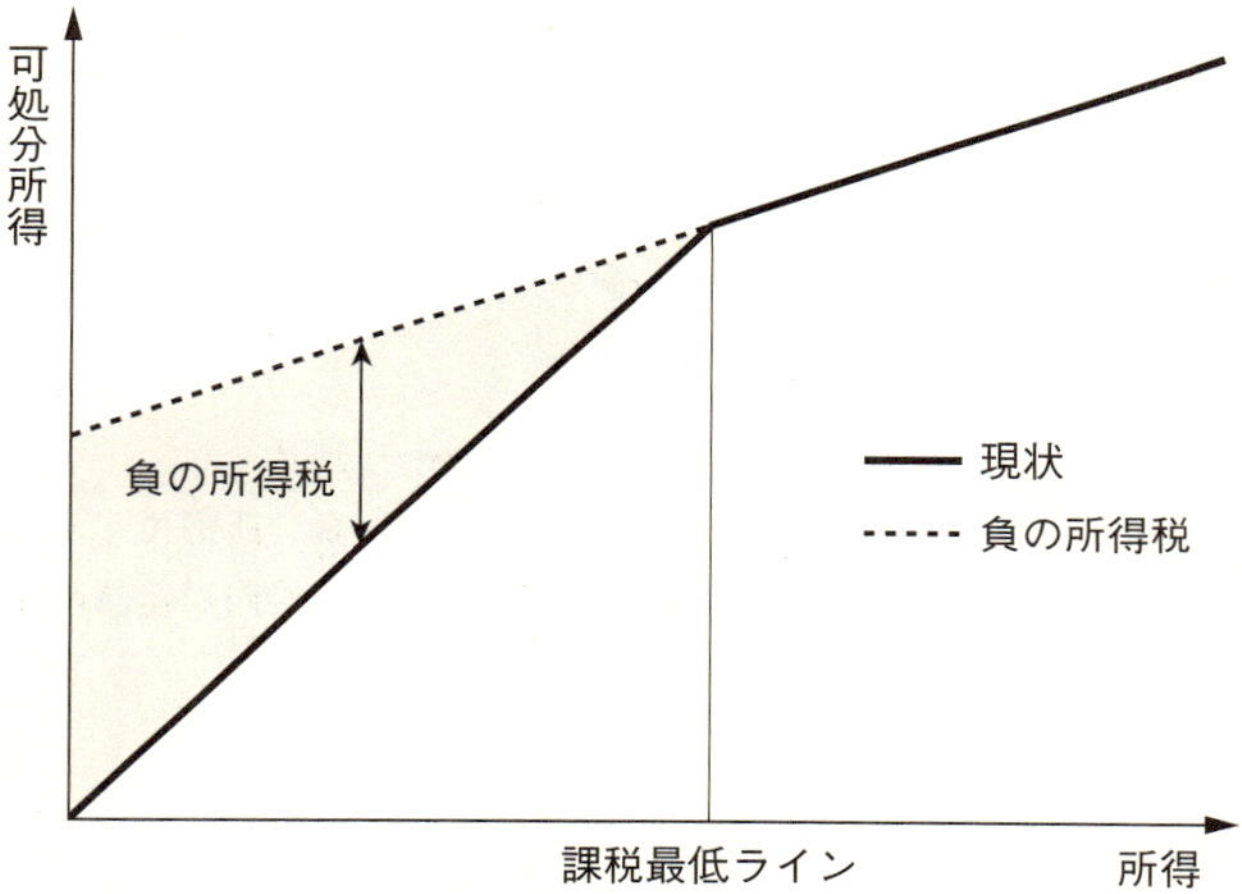

図１　負の所得税

給付付き税額控除制度

アメリカでこの考え方が活用されるようになったのは、一九七五年の「勤労所得税額控除」という制度の施行からです。これは勤労者の意欲と動機を損なわずに、低所得者層の社会保障税の負担を軽減することを目的としたものです。そのため、職に就くことを税額控除の必要条件としています。

図２を見てもらえればわかりますが、所得がゼロの人は控除額（この控除額は「負の所得税」すなわち給付金）もゼロです。所得がゼロから始まって一定のところまでは、給付金が増えますが、所得が一定水準より高くなって課税最低ラインまでの間は減少するよう

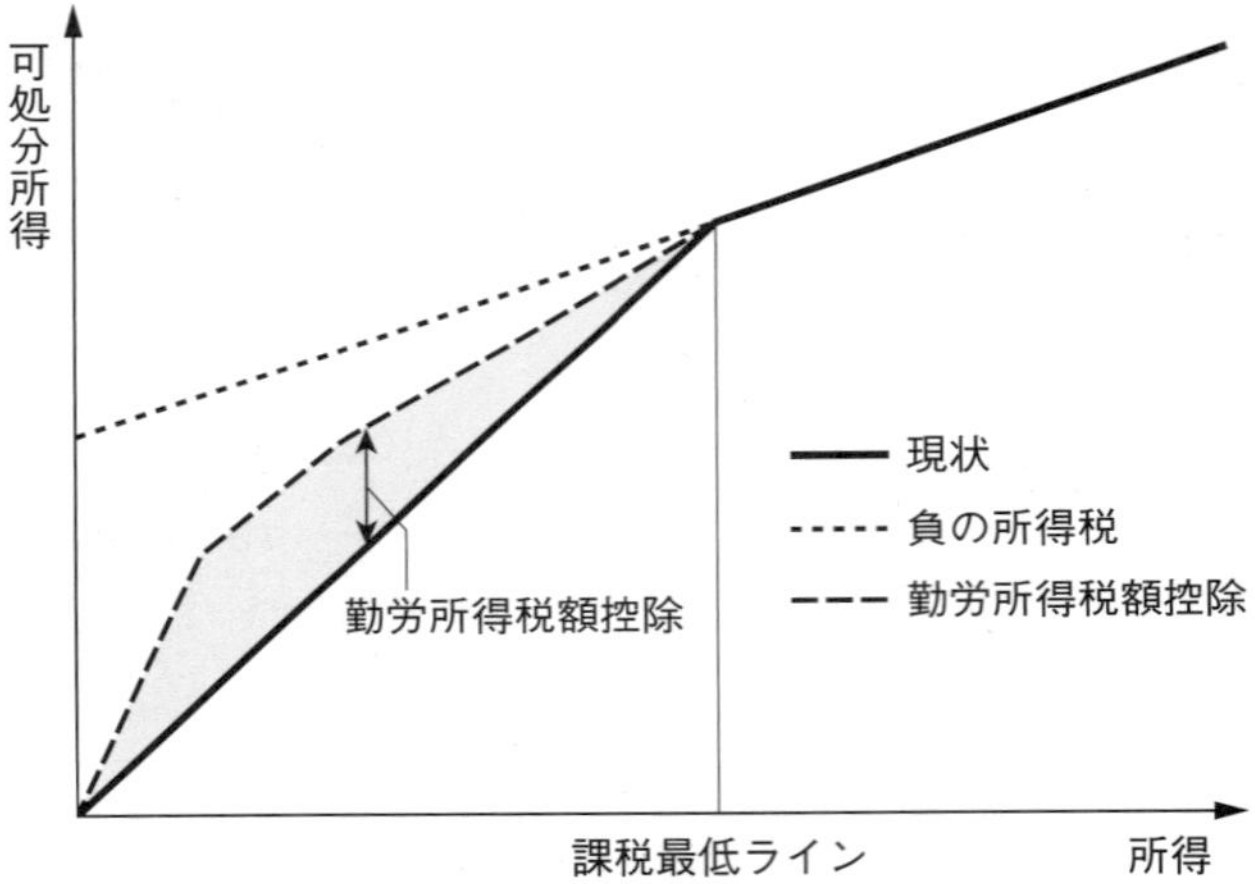

図２　勤労所得税額控除

に設計されています。ただし、勤労所得と給付金の合計では増加します。

この様子は、課税後の所得がゼロから始まって、ゆっくりとカーブを描いて、課税最低ラインのところで、「負の所得税」の直線に重なるのでわかるでしょう。

さらにアメリカでは、一九九七年に子どもの人数に応じて税額控除（税額から直接一定の金額を差し引くこと）するChild Tax Creditという制度も実施されています。

これらはいずれも「給付付き税額控除制度」と呼ばれ、「負の所得税」の思想に基づいた政策です。つまり、税額控除という方法で算出した非納税者に対する給付を所得税制に組み込んだ制度であり、まさに社会保障と税の統合そのものです。

日本の生活保護制度などでも指摘されることですが、無所得者や低所得者に対する単純な給付金制度の場合、給付を得るために労働を抑えるという「貧困の罠」に陥りやすくなります。しかし、「負の所得税」のような制度の場合、給付を所得税からの控除という形にして、勤労所得＋給付金の合計が徐々に増加するようにすることで、そのマイナス面を回避しているのです。

また、日本でも行われてきた扶養控除や配偶者控除のような所得控除方式（所得額から一定の金額を差し引くこと。この控除額が大きいほど課税対象額が減る）では、所得が高い層に恩恵がかたよりますが、「負の所得税」を導入することで所得再分配効果が高まり、社会の安定や経済の活性化に寄与します。

社会保障番号制の導入が、すべての前提

現在、アメリカ以外にもこうした「給付付き税額控除制度」を導入している国には、カナダ、イギリス、フランス、アイルランド、ベルギー、ニュージーランド、韓国などがあり、とくにブレア政権下のイギリスは成功例として高く評価されています。

しかし、この制度の導入には欠かせないインフラがあります。それが、社会保障サービスと保険料や年金、そして税金を一体的に管理できる「社会保障個人勘定（口座）」です。これにIT技術を活用すれば、徴収と給付の実務は格段に効率化し、現在もなお進行中の年金不祥事のような問題はなくなります。

しかし、それはこの制度がもたらす恩恵のごく一部にすぎません。

この口座は政府が国民一人ひとりに発行し、番号で管理します。そのなかで個人にとっての「出」である税金、保険料をすべて記録するとともに、個人にとっての「入り」である還付金や年金、給付金も記録するので、国民一人ひとりがつねに自分の状態をチェックできます。

さらに、メリットとして、「給付付き税額控除制度」を実施する際、所得をこの口座で管理できることにより、ほぼ自動的に給付額や給付の割合が決まることです。これによって行政の事務作業が大幅に軽減されるだけでなく、日本の生活保護のように役人の裁量が入る余地がなくなります。これは非常に大きな行政改革となるはずです。

フリードマンは人間の自由と尊厳を理想として追求し、その文脈で政府の役割を最小限にすることを主張しました。「負の所得税」は税や社会保障についての正しいデータがあれば、役人の介入なしに実施することができます。そのためには番号と口座で一元管理するシステムの導入はむしろ好都合と考えたのです。

また、フリードマンが考えた政府の最小限の役割のなかには、犯罪や不正の排除と貧困の緩和が含まれています。つまり、公正な社会を追求する手段として、「負の所得税」を考えたのです。

日本では、これまで納税者番号制、社会保障番号制については各種の反論があり、なによりも政権党であった自民党が反対していたので実現しませんでした。また、左翼系知識人と呼ばれる（あるいは自称する）人びとからも、「恐るべき管理社会」などという惹句で攻撃されてきました。しかし、その実態は、自らの所得を把握されたくない人びとに都合のよい盾を提供する結果になっているのです。

厚生労働省が検討を進めている「社会保障カード」は、厚生労働省が管轄する社会保障をカバーしようとするもので、すべての「出」と「入り」を一元的に管理するものではありません。

私は「社会保障個人勘定（口座）」の構想を進めていけば、社会保険庁と国税庁は統合されると考えていますが、厚生労働省がもっとも恐れているのはそのことです。つまり、年金資金が財務省の管轄になることを何とかして回避したいのです。その立場から、当然厚生労働省もこの制度には反対です。

しかし、「給付付き税額控除制度」は、民主党も推進するといっています。自民党も遅ればせながら、賛成のようです。そうなれば、多くの国民があらためて「社会保障個人勘定(口座)」を評価しなおすのではないでしょうか。

タカハシ先生に聞いてみよう15
再分配政策がうまくいけば、経済成長しなくてもいいのでは？

経済のパイが縮小すれば何も実現できない

ここまで年金改革と適正で機能的な所得再分配のありかた、そしてそれを公正に実現するための「社会保障個人勘定（口座）」について説明してきました。

年金の方式を変更することは現実的ではありませんが、現行方式の効率を高めることで矛盾や非効率を解消していくことは可能です。また、「負の所得税」の思想を取り入れた「給付付き税額控除制度」で、若年層と高齢者層の調和をとることもできるでしょう。

しかし、こうした政策をいい方向で実現するためには、経済を成長させ、日本経済のパイを大きくしていくことが大前提になります。逆にこれが縮小すれば、そこに待っているのは負の連鎖です。日本では、これだけデフレが顕在化しているにもかかわらず、金融当局である日本銀行は相変わらずの無策です。これでは無駄を排除して公正な制度を作っても、それを活かすことはできません。

二〇一〇年度にも、日本のGDPは中国に抜かれ世界第三位になるといわれています。一三億の国民が豊かさを求めて動いているのですから、これは時間の問題で、当然の結果といえるでしょう。しかし、日本も伸びていてそこに中国が追いついてきたのならいいのですが、日本経済は明らかに停滞から縮小に向かっています。つまり、中国が伸びてきたところで日本が落ちたので、逆転のスピードが加速されたのです。

リーマンショックにより世界不況の震源地となり、その後も失業率が一〇%に達し、悪い悪いといわれているアメリカ経済でさえ、全体としては前進を続けています。日本経済の失速ぶりは世界のなかでも際だっているのです。そんななかで政権についた民主党にはマクロ経済政策がなく、日銀は相変わらずの無策です。

年金制度や社会保障の改革はもちろん必要ですが、その部分をいくら改善しても経済によってそれらが崩壊してしまうことだってありえるのです。いま私がもっとも心配しているのはそれです。

社会保障政策というのは、基本的に分配政策です。しかし、分配の仕方だけがうまくいっても、分配すべきパイが小さくなってしまえば、社会全体が貧しさのなかに落ち込んでいかざるをえないのです。

経済を成長させるということは、民間ベースでいえば商売がうまくいくということです。つまり、経済の主体はあくまで民間の企業であり、国が経済政策を行うといっても、それは障害の除去や伸びようとする動きを支援するということにとどまります。現在の世界において政府がこれを適正に行うか行わないかは、結果に大きな差を生み出すことになります。

最大の障害はＧＤＰギャップ

では、現在の日本経済の最大の障害とは何でしょう。ＩＭＦが刊行する「ワールド・エコノミック・アウトルック」誌の昨年一〇月号では、日本のＧＤＰギャップは先進国中最大であり、回復にもっとも時間がかかる国と予測されています。

55ページでも指摘したように、いま財政と金融が取り組むべき最大のテーマはこのＧＤＰギャップの縮小です。逆にいえば、政府ができることはＧＤＰギャップの縮小といったことしかないのです。

民主党の無策ぶりを批判する人のなかには、政府が今後成長を見込める産業に対して厚く支援する産業政策を成長戦略として行うべきだと主張する人がいますが、これも前に述べたように、現在の先進国ではほとんど行われていません。第一に、特定の産業に政府が肩入れすることは不公平の誹《そし》りを免れません。それに、そもそも事業家でもない政治家や役人に、どの産業が将来有望かなどということがわかるはずがないのです。

ですから、役所はそんなことに無駄な予算や人を費やさず、いまはＧＤＰギャップを少しでも早く縮小する有効な政策づくりに取り組むべきです。

現在の世界経済のなかでは、公共事業などの政府支出や減税も金融政策なしでは効果がありません。62ページで述べたように、マンデル・フレミング理論によって、金融緩和をしないと、為替が強くなり、財政政策の効果は海外に漏れてしまうからです。

世界標準でもっとも効果的な方法は、財政政策と金融政策の合わせ技です。

その際、有効な財政政策は、一挙に支出することが可能で、しかもフェアな方法である大幅な減税や給付金です。それで消費を刺激することです。国民一人当たり一万円などという中途半端な金額ではなく、一〇万円、二〇万円規模の給付金をすぐに実行すべきです。もちろん、金融政策も同時に行うことを忘れてはいけません。

タカハシ先生に聞いてみよう16
スウェーデンみたいに、消費税を年金の財源にすればいい？

思想や仕組みの違う税を組み合わせることはできない

もし社会保障の一部である年金の財源を消費税ベースにするなら、前述の社会保障個人勘定に年金を入れるかどうか、かなり微妙な問題になります。思想や仕組みがまったく違う税を組み合わせて一緒に計算することはかなり難しくなるからです。

社会保障個人勘定は、多額の所得税を払っている人から、所得税を払えず給付を受ける人まで、すべての国民を対象になだらかな曲線で再分配しようというものです。その単位はあくまで個人になります。その個人が、いくら税を払い、いくら給付を受けているかを正確に把握することが、この制度の基礎になります。

そこに消費税という個人ベースの金額がなかなか特定できない税を持ち込むと、再分配のしようがありません。

消費税は、個人の所得や購入額を政府がきちんと補捉しなくても、脱税が難しく、ちゃんと税収の得られる税金です。しかし日本では、EUで採用されているインボイス方式が採られていないため、まだ不明瞭な部分が残っているといわれています。

EUの付加価値税では、インボイスという取引ごとに支払った税額を記した書類が必要です。このシステムの場合、支払った税額の記載がデタラメだと、購入した人は正しい控除を受けられません。これでは困るので、各取引段階でインボイスを受け取る人がつねに厳重な監視者になります。これによって、日本のマルサのように国民を監視しなくても全体として脱税が少なくなるのです。これは、フランス大蔵省の役人が考えた、とても優れた税金システムです。個人の懐《ふところ》というプライバシーを尊重しながら、同時に税金もしっかり徴収できるフランスらしい考え方です。

さて、民主党にも消費税の社会保障利用を唱える人がいますが、これはご都合主義発言のように思えます。

所得税も消費税も国が国民からカネを集めるのだから同じではないか、という人もいますが、これはまったく違うものです。

所得税は、個人や法人が一定期間内に労働や事業で得た収入から経費を引いた額に課税されるもので、その対象は一個人あるいは一法人です。そしてこの税には、もともと累進税率や控除を組み合わせることで税の公平性を指向する性格がありました。

これに対し日本の消費税の場合、高額所得者も低所得者も同じ金額の税を負担し、しかも食料品などの基本的な生活財にまで課税するので逆進性が高いのです。また、流通過程で広く課税することから、一人ひとりがどれだけ負担しているかを正確に把握することはできません。これでは、消費税を財源にして社会保障政策を行おうとしても、負担と給付の公平性がどれだけ実現できるかはわかりません。もし、仮に消費税を年金の財源にして公平性を担保しようとするなら、個人の所得や保有資産に関係なく全国民に一律の金額を支払うということにならざるをえません。それに比べて、社会保険料と所得税を財源にすれば、個人レベルでも負担と給付の関係が明確になります。

ですから、「消費税で給付付き税額控除を」などという人は、どういう理屈を考えているのか疑問なのです（そうした理屈が弱いから、そういう人たちは「基礎年金部分に消費税を」とかいうのでしょうね）。

先ほどご都合主義といいましたが、税を取る部分は痛税感の少ない消費税にして、再分配だけを給付付き税額控除でやりますというのは、税の仕組みを無視した〝いいとこ取り〟にすぎず、本当の意味の所得再分配は期待できません。

もうひとつは、地方分権との関係です。今後予想される道州制などを視野に入れた場合、国税と地方税をその目的や機能で分けていく必要があります。

地方税の基本は、景気動向に左右されにくい比例的課税が適切だとされています。その意味で消費税は、地方税向きといえるのです（第４章で後述）。

その消費税を年金財源にするということは、消費税が国の業務に充てられるということですから、将来の地方分権を難しくすることになってしまいます。それは、中央に権力を温存したい霞が関の望むところです。

よくスウェーデンの例が引き合いに出されますが、この国は人口一〇〇〇万弱の規模です。この規模の国では、そもそも地方分権はあまりテーマになりません。分権というのは、人口が五〇〇〇万以上になった場合にやらざるをえなくなるものです。企業でも、ある規模を超えると一体的な経営が不可能になりますが、国でも同じだということです。

消費税の話が出たところで、税金全般の話をすることにしましょう。

第3章　税の大問題

タカハシ先生に聞いてみよう17

法人税ゼロは大企業優遇じゃないの？

法人税は二重取り？

法人というのは元々架空の存在です。どうしてそんな架空の存在から税を取るかといえば、個人レベルですべての所得が捕捉できないので、仕方なく取っているのです。

法人は個人の集合体です。そうであれば、経済活動をすべて個人レベルに分解して、そこで税金を取るほうが合理的です。本来、個人レベルで課税すべきなのに、さらに法人に課税することは、つねに二重課税の可能性をはらむことになります。したがって個人の段階で完璧に資産と所得が捕捉できれば、法人税は理論的には必要ないのです。

以上が理屈ですが、もう少しわかりやすく説明すると、法人＝企業が稼いだお金はまずそこで働く人の給与として分配されます。あとは株主への配当と内部留保です。配当と内部留保も実は個人が持っている株の株価に反映されるので、個人の資産課税で捕捉できます。これで所得への課税は完璧に行われたことになります。

ところが、実際には資産隠しや所得隠しが行われ、個人レベルの資産も所得もすべてを捕捉できていません。二五年ほど前の話ですが、私は四国の某市で一年だけ税務署長を務めました。よく覚えているのは、ちょっと税務調査をすると、税金がドンドン出てきたこと。いまはもう行われていないでしょうが、税務署長が島の漁協組合長や郡部の農協組合長と交渉して、今年の税金はいくら払うなんてことも決めていました。私は東京から来た若造で地元では大変珍しがられ、当時の組合長が「今年は税金をはずむ」といってくれ、かってないほどの納税額になりました。俗にいう「クロヨン」（９６４。サラリーマンは所得の九割を捕捉されているが、商店は六割、農業は四割しか補捉されていないことを指す）は実感として本当でした。そうした実情もあるので、もうひとつ別の段階で課税して、ある程度の調整しているのが法人税の正体です。

現状ではこうした取り方も、現実問題として仕方ないと思います。しかし、個人所得の捕捉、資産の捕捉が進めば、それに従って法人税は下げていくべきです。株主の個人資産で課税しながら法人の内部留保に課税することは、理屈の上からいえば明らかに二重課税です。

こういうことは経済活動を阻害する恐れがあります。

個人段階での資産や所得の捕捉は、今後さらにＩＴが進み、社会保障（納税者）番号制が整えられれば、ほぼ完璧に行うことが可能です。

大企業優遇は的外れ

法人税はゼロでいいというと、すぐに大企業優遇だとか新自由主義などというレッテルを貼りたがる人がいますが、それはまったく的外れです。

なぜなら、いま説明したようにすれば、大企業の株主＝資本家の税金が高くなります。これまで法人から取っていた税を個人の段階で課すからです。つまり、どこの段階で税を取るかというだけの話なのです。

実は、いま多くの国で法人税を下げているのは、ＩＴや法の整備によって、個人資産や個人所得の精度の高い捕捉が可能になってきたからです。そうした裏側の事情を無視して、海外が下がったから日本も下げろというのはバランスの悪い議論です。

タカハシ先生に聞いてみよう18

話題の「寄付控除」って何？

税制は個人が描く社会像で決まる

再分配政策を強化する場合、所得税の累進強化と相続税の税率アップはセットになります。

ここで、ひとつの前提を提示しておく必要があります。つまり、税制はあるべき社会像に対する価値判断が根底にあるということです。ですから、相続税はなくし、累進税率も高くしないほうが社会を活性化させるという考えも、ひとつの価値判断としてありえます。ただし、これは当然再分配を指向しない立場になります。私はある程度の再分配は必要だと考える立場です。

どちらを指向するかは最高税率に対する考え方でわかります。

私は最高税率五〇％程度が妥当と考えていますが、これだと連動する相続税もある程度の課税強化になります。これに対し、ミルトン・フリードマンなどは最高税率二〇％を主張しています。かなり極端ですが、これについてはまさに個々人が目指す社会像によるとしかいえません。

社会民主主義の立場からは、最高税率は六〇〜七〇％というのもありでしょう。あくまで個人の価値観の問題ということで、どちらが優れているかという問題ではありません。

しばしば、このあたりを混同して話をする人が多いのですが、どちらが優れているかという結論は、理論や実証からは出てきません。それを強調する意味で私は、どういう所得再分配方法をとるかは、趣味嗜好や好みの問題といっています。

また、税にはそれぞれに機能や目的があります。相続税は再分配を目指す税制ですが、とくに高齢化社会となった現在の日本では、高齢者の間で拡がった資産格差を次の世代に継承させないという機能と目的をもつと考えられます。相続税を強化し、それを高齢者福祉の財源にすることで、一部で貧困化が進んでいる若年層の負担を軽減することができます。

寄付控除を導入すれば、支払う人が使い道を決められる

寄付控除は、支払った税金をすべて政府の役人に分配させるのではなく、支払う人がある

程度使い道を選べるようにするべきではないか、という考えに基づくものです。

寄付が社会事業に投じられるのならば、その分だけ税金を控除すれば、結果的に、支払った税金を財源としてその社会事業に補助金を出したのと、同じことになるからです。

たとえば、文部科学官僚に文教予算を配らせるのではなく、納税者が自分で大学に寄付をして、その分を税金から控除すれば、文教予算の総額としては同じ結果になります。

これならば所得税の累進カーブをきつくしても、すべてを政府に収奪されるのではありませんから、高額納税者の納得もある程度得られるかもしれません。

しかし、もし仮に政府に対する信頼感が極端に高ければ、寄付はあまり認めなくてもいいという考え方が出てくる可能性もあります。したがって、これは役人がどれだけ立派に税金を使っているかを見極めるバロメーターにもなりえます。多額の税金を支払う人にそういう権利を与えることで、官民のバランスを取るということです。

ふるさと納税は「住民税の寄付控除」

二〇〇八年四月三〇日に公布された「地方税法等の一部を改正する法律」いわゆる「ふるさと納税」のアイディアは、安倍晋三内閣の総務大臣だった菅義偉《すがよしひで》さんがいい始めたのですが、その実現のときに、私から「寄付金にして税額控除にするのがいい」といったものです。

これについては、地域格差の是正などというひどい誤解が蔓延《まんえん》しており、この実現方法を考えた私も驚いています。

菅総務大臣には、最初から「寄付控除でやろう」と提案していました。住民税の使途に納得できない人が多い、それならば使途には口出しはできないとしても、せめて納める自治体ぐらいは個人が選んでもいいではないかという発想によるものです。そして、そこに「寄付」という考え方を持ち込んで、日本でははじめての本格的な「税額控除」を目指したものなのです。したがって、地域格差是正など一切この構想の念頭にはありませんでした。

地域格差云々というのは、悪化する地方自治体の財政問題と絡めて、総務省がマスコミ向けにアピールしたもので、新聞・テレビ等のマスコミはそれをそのまま流したようです。総務省は自治体や国民向けに体裁を繕《つくろ》ったわけですが、それをそのまま流すマスコミは勉強不足といわざるをえません。

「税額控除」のインパクト

実は、このとき霞が関に大きなインパクトを与えたのは、この制度に税額控除が入っていたことです。それまでは、寄付について認められていたのは、政治資金関係を除くと、あくまで所得控除でした。しかし、所得控除と税額控除ではまったく違います。

　たとえば、一〇〇〇万円の所得のある人がどこかの自治体に一〇〇万円寄付するとします。所得控除の場合、所得から一〇〇万円が引かれますから、所得が九〇〇万円になります。もし税率が二〇％なら、納める所得税は九〇〇万円×二〇％で一八〇万円。本来納めるべき二〇〇万円の税金から二〇万円が控除されるだけです。一〇〇万円を寄付しても税金は二〇万円安くなるだけですから、納税者はこの寄付行為に対して八〇万円持ち出したことになります。

　一方、税額控除の場合は、所得ではなく支払うべき税金から一〇〇万円が引かれることになります。この場合、具体的には本来納めるべき二〇〇万円の税金から一〇〇万円が控除されることになります。つまり、この人が愛する自治体に対して行った一〇〇万円の寄付は全額、税金から控除されるのです。

　税金を控除するというと、何かその人が得をしたような印象を抱かれるかもしれませんが、所得から支出している額は同じです。この人の場合、一〇〇万円の税金と一〇〇万円の寄付です。違いは、納税を納得できない自治体にするのではなく、自分にとって何らかの形で納得できる自治体に納められるということです。「ふるさと納税」とは、まさにこの趣旨に則った制度なのです。

「ふるさと納税」の本当の狙いは、この税額控除をはじめて制度として組み入れたことです。さらに真相を暴露すると、ふるさと納税でははじめて住民税に税額控除を導入することができたわけですが、本当は所得税でＮＰＯ法人や独立行政法人への寄付を税額控除できる仕組みにしたかったのです。

しかし、さすがにこれは財務省が徹底的に抵抗したために、結局、総務省の管轄である住民税でしか実現できませんでした。その抵抗は凄まじいもので、政治家に対して、これは法律的に所得税には適用できないとか、所得格差を生むなどという欺瞞に満ちた説明を繰り返したようです。その後、渡辺喜美さんが、特殊法人や独立行政法人に対する寄付で同じような制度をつくろうと挑戦しましたが、これも財務省の抵抗にあって頓挫《とんざ》しています。

さいわい「ふるさと納税」は住民税で実現することができましたが、実は総務省でもやたらに細かい計算をして、猛烈に金額を値切ってきました。それでも八割程度の税額控除はできたので成功といえますが、そのいじましさには呆れるばかりでした。

社会の隅々まで役人が仕切ろうとする日本

所得税だけでなく、むしろ相続税でこうした寄付控除を希望する人は多いと思います。相続税で全部召し上げられるのか、それとも自分でパブリックなところに支出するのかの違いです。パブリックな部分に寄付をするということは、結果的に税金を払うことと同じなのです。

多額の資産を残す人には、それなりにきつい相続課税があります。それなら、せめて支出先を自分で決め、それで社会に名前を残すことを認めるべきではないでしょうか。かつては日本でも、東京大学の安田講堂のように個人の寄付が形として残っていました。欧米では、富豪からの何百億円という寄付によって財団が設立され、そこが国策を策定するシンクタンクを運営するなどしています。アメリカでは、こうしたシンクタンクが政府の人材を養成し、プールする役割を担っているのです。ところが日本ではこうした民間パワーを活用せず、社会の隅々まで役人が仕切ろうとします。

かつて寄付控除がテーマの、ＮＨＫのテレビ討論に出たことがありますが、その場に山形大学の学長がいました。実はこの人は元文部科学省事務次官だったのですが、番組では猛烈に反対論を展開していました。

例によって、集められる大学と集められない大学との格差が出るという説なのですが、私などはそれでいいじゃないかと考えます。むしろ、多くの国民から注目を集めるような研究や講座に積極的に取り組んでいる大学と、漫然と旧態依然の経営を続けている大学が同じ評価を受けることのほうが、よほど害が大きいといえます。

集められない大学は、文部科学省からの天下りを受け入れて、補助金をもらうからいいというのでしょうか。たしかに、大学が寄付金控除で寄付金を集めると、文部科学省の存在意義がなくなるので、文部科学省としては反対でしょうが、国民にとっては良いことでしょう。大学に対する一〇〇億円の寄付が相続税の控除になるなら、日本でも希望する人はかなりいるでしょう。しかも後世に名前が残るのです。このインセンティブにはかなり強力なものがあります。そもそも、文科省出身の学長さんは反対かもしれませんが、国立大学という独立法人にとっては、寄付でも文科省の予算でも同じなのです。

おカネの使い道は、行政サービスを受ける側が決めるべき

政府が一律に同じことをやる場合には、上から下に予算や施策を流すのが効率的ですが、現代社会の多様化したニーズに応えるにはこのやり方は不向きです。一律に上から下にとい

うのは、文部科学省から各教育委員会や学校に、ということです。これでは現在教育現場で起こっているさまざまな問題に対処できないことは、すでに証明済みです。

ならば、おカネの流れを変えて、役所や学校ではなく教育サービスを受ける家庭や子どもたちにおカネを渡して、その子のニーズにあった使い方をしてもらうほうが、はるかに効率がいいはずです。しかも、これによって学校経営者の顔は、役所からおカネを払ってくれる各家庭に向くはずです。それはおそらく学校の本質的な改革につながるでしょう。

その具体的な方法については、現在、バウチャー制が政策として具体性をもってきました。バウチャー（voucher）とは、日本では領収書の意味で使われることが多いのですが、ほかにも商品券や引換券の意味があります。Luncheon Voucher といえば昼食券のことです。つまり、教育や介護などに使途を限定して補助金のように個人に配り、それぞれのニーズに合ったところで使ってもらおうというものです。教育の分野ではミルトン・フリードマンが著書の中で提唱したことで注目されました。

日本の予算はそのほとんどが、役所が上から下に流すもので構成されていますが、他の先進国ではすでにこれが逆転し、行政サービスを受ける側におカネを渡して使い方を選べるようにしています。それは、多様化する社会のニーズに対応していこうとする努力のあらわれといえます。私たちが指向すべき政策もこの方向にあることは間違いありません。

民主党の子ども手当も、直接的に家計にお金がいくというのはいいことですが、子どものため以外に使うという親もいます。それをバウチャーにすれば、子ども以外に流用ができないので、もっと効果があがるでしょう。

タカハシ先生に聞いてみよう19

「増税して景気が良くなる」ことはあるの？

子ども手当の乗数効果

菅直人副総理兼財務相が、最近「増税しても景気は良くなる」という興味深い発言をしました。財務相という財政の責任者の発言ですから、国民生活にとっては重要なものでしょう。

この発言をよく検討してみましょう。

その発言内容の知恵袋とされていますのが、二〇一〇年二月二六日付で内閣府参与に就任した、小野善康大阪大学教授です。同ポストには、小野氏の前には、年越し派遣村村長の湯浅誠氏が就いていていました。

小野氏の経済理論は、精緻《せいち》な数学モデルもあり、かつ、その内容がなかなか論争的なこともあって、経済学者の間でファンが多いのです。しかし、テクニカルな細部を除くと、オーソドックスなケインズ・タイプとさほどかわりません。

ケインズ・タイプの話の前に、ちょっと政府支出の乗数について復習しておきましょう。

乗数といえば、二〇一〇年一月二六日の参議院予算委員会を見て、鳩山政権の経済オンチに愕然としたことを思い出す人も多いでしょう。

林芳正委員（自民）からの「子ども手当の乗数効果はいくらか」という質問に対し、菅直人副総理兼財務・経済財政担当相は、答えられず、しばし速記が中断しました。官僚から渡された資料を見て、長妻昭厚労相が「子ども手当で一兆円のＧＤＰ増加」と答弁したのに対し、林委員は「それを子ども手当額（二・五兆円）で割ればいい」と応じましたが、菅副総理は「乗数は計算していない」と強弁しつつ、「消費性向は〇・七としている」とトンチンカンな答弁をしたのです。

消費性向が〇・七ということは、大学の初級教科書でいえば、子ども手当の七割が消費に回り、それが所得になって、さらにその七割（はじめの〇・七×〇・七）が消費に回り、そのまた七割が消費に回るという具合で、結局、子ども手当は二・三倍〈＝〇・七／（一－〇・七）〉の乗数効果があるということになります。

もっとも、これはあくまで一定の条件のもとでの話で、最近の経済学研究では、実際の乗数はもっと小さくなることが知られています。

長妻厚労相のいうとおり（一兆円のGDP増加）なら、「初年度の乗数は〇・四（＝一兆円／二・五兆円）となるので、教科書では二・三になるが、実際にはそれより小さい」というのが正解です。

国会で、乗数の質問は過去一〇年で一〇〇回以上出ています。要は頻出問題なので、大臣になればかならず勉強すべきものですが、菅財務相はあまり勉強していなかったようです。

「使い方を間違わなければ」の実行は難しい

ちなみに、子ども手当の乗数は、〈消費性向÷（一－消費性向）〉ですが、公共投資については、〈一÷（一－消費性向）〉です。

これらは、大学の経済学部で必ず習いますが、一緒に「均衡予算乗数」というのも習います。それは、政府支出を増税で賄って予算を均衡させた場合にどうなるかという話です。

増税だけであれば、逆の乗数になって景気を悪化させますが、同時に政府支出をするとどうなるか、というわけです。

増税の逆乗数は、〈－消費性向÷（一－消費性向）〉となります。先ほどの子ども手当の反対なので、マイナスを付けるのです。これを、先の公共投資の乗数〈一÷（一－消費性向）〉と組み合わせますと、均衡予算乗数は一（＝－二・三＋三・三）になります。

つまり、増税で公共投資等の政府支出を行う場合、増税額だけ景気は良くなるということです。これが、菅財務相のいう「増税しても使い方を間違わなければ景気は良くなる」という話につながるのです。

実は、このロジックの裏にはいろいろな前提があります。

たとえば、政府支出先で雇用を確保するとき、民間雇用をクラウドアウト（圧迫）すると効果が薄れます。

さらに、現実の政府支出乗数も税乗数も、これまでの実証分析によれば理論が期待しているほど高くなく、それを組み合わせて得られる均衡予算乗数は一よりはるかに少ないか、場合によってはマイナスになります。

菅財務相のように「使い方を間違わなければ」というのは、言葉では簡単なのですが、実行は難しいことを意味しています。

増税して政府が国民の代わりに使い道を考えるのがいいのか、増税しないで国民が使い道を考えるのがいいのか、というふたつの考え方があります。政府が国民より優れていれば均衡予算乗数は一に近づきますが、逆に国民のほうが優れていればゼロに近づくか、場合によってはマイナスになるのです。

二〇〇九年一二月、菅副総理は「乗数効果が一一のものがあるはず」と発言したことがあります。それを実際に見せてもらえれば、政府が国民より賢いといっていいでしょう。「国民よりも霞が関が賢い」説を認めるなら、金融も官製金融が肥大化したほうがいいですし、民間企業にも「横移動・現役出向」という名の霞が関からの天下りを受け入れたほうがいい、ということになってくるでしょう。

第4章　地方分権の大問題

タカハシ先生に聞いてみよう20

地方分権って、一体どういう意味があるの？

ニア・イズ・ザ・ベター

地方分権が大事だといろいろな人がいっていますが、なぜ大事なのかということは意外に語られていません。

日本でもかつては中央集権がよかった時代がありました。明治維新後の急速な欧化政策や、二〇世紀の奇跡といわれた戦後の驚異的な復興はまさに中央集権体制の賜物です。しかし、社会が多様化するなか、これでは住民生活のニーズに応えられないことが、いまや明確になってきました。やはり、地方のことは地方でやったほうがいい、ということです。

たとえば、政権交代後に問題が噴き出した八ッ場ダムもその一例です。このダムをここまで推進してきたのは国土交通省であり、いまこの工事を止めるといっているのも国土交通大臣です。しかし、実はこのダムに利害を持つのは、利根川水系に関わる関東六都県の人びとなのです。

このようなきわめてローカルな問題を、かならずしも地域の事情に通じていない国の政治家や役人が仕切る必要があるのでしょうか。話がここまでこじれた本当の原因は、実はこんなところにあったのかもしれません。現場や地域の事情をもっともよく知る地元の人びとが自らの判断でダム建設の是非を決めていれば、もっと早く現実的な対応がとれたのではないでしょうか。

現在の日本は、すべての業務を国と地方で分けていますが、その割合は地方が六で、国が四です。ところが税収はこの逆で、国が六で、地方が四。実は、このギャップを国から地方への交付金や補助金で埋めているのです。

こんな面倒なことをするくらいだったら、まとめて地方に税源委譲して、地方の実情に沿って仕事をしてもらったほうがいいわけです。委譲される財源とは、住民が支払う税金です。そうなれば、地方の首長にとっての財源は、まさにその地域に住む住民そのものになりますから、当然これまで以上に住民に顔が向いた、住民本位の行政が進むでしょう。「ニア・イズ・ザ・ベター」とはこのことです。

ところが、いまの自治体の首長は中央の省庁から補助金や交付金をもらうので、いつも中央省庁の方に顔が向きがちです。何かと話題の橋下徹大阪府知事も、度々東京に来るのは意見交換とはいいながら、実際には予算をもらわなければならない事情があるからです。これなども本当に無駄な話で、そんな時間があればもっと本来の仕事に専念できるはずです。

中央の出先機関はパラダイス

国交省はじめ中央省庁には地方支分部局というものがあり、国家公務員三〇万人のうちなんと二〇万人がここにいます。もっとも有名なのが地方整備局で、河川改修や大規模なダム工事、道路整備などをやっています。八ッ場ダムも関東整備局という地方支分部局がやっている事業です。

一般には、中央の人が地方に行くというのは何か左遷あるいは島流しのようなイメージをもたれるかもしれませんが、実は地方支分部局というのはパラダイスです。特別会計で予算はたっぷりある、地方なので中央の上司の監視はない、地方の首長などからは中央からの人ということで大事にされる、もちろん業者は群がって下にも置かない扱いです。ということで、まるで骨休めの小旅行という感じです。しかも、わずか数年でまた中央に戻るのですから、まともな行政などできるはずがありません。

八ッ場ダムの事業もこうした構造のなかで行われました。建設省（現・国土交通省）が予算を取り、関東整備局の役人が調査をし、国会議員からも陳情が寄せられる、そして国費をドンと投下したわけです。

しかし、この事業は一応公共事業ですから、かけた予算以上の便益がないと取り組むことはできません。八ッ場ダムの場合、当初の試算では二〇〇〇億円のコストをかけて六〇〇〇億円の便益があるということでした。しかし現在ささやかれているように、六〇〇〇億円という数字は本当に正しいのかといえば、少なからぬ疑問が出てきます。なぜなら、これは役人が、自分たちが立てた計画のために調査や計算をしたものだからです。

しかし、これを関東の六都県が「八ッ場ダム債」を発行してやったとしたらどうでしょう。その債権を投資として買う人たちは、おそらく真剣にその投資の是非を検討することでしょう。たとえ役所がいろんな数字を出してきても、決してそれを鵜呑みにすることはありません。もしこれが失敗すれば、大損害を被るのですから。

これがまえがきで説明したレベニューボンドです。個人の利益に関わるという意味で、もっとも厳しいチェックを受け、しかも地元が主体になって行うことで利害の調整も行いやすくなります。

やはり道州制

ここまでは、おもに八ッ場ダムを例に説明してきましたが、地方の業務にはもっと住民の生活に密着したものが多くあります。したがって一口に分権といっても、何をやるかによってその単位は違ってきます。清掃程度であれば人口三万〜五万人、ごみ処理のような小規模なインフラを必要とするものであれば三〇万〜五〇万人の単位でできますが、ダムや高規格道路のようなインフラになると一〇〇〇万人以上の規模のほうが効率よくできます。

八ッ場ダムも関連する自治体は関東六都県ですから、それにふさわしい規模の自治体でやる必要があります。関東六都県あるいは一〇〇〇万人以上の自治体となれば、やはりそれは道州ということになります。

現在、民主党は全国を三〇〇程度の基礎自治体に分けることを提唱し、道州制は採用していません。しかしそうなると、大規模ダムのようなインフラを整備する場合には、相変わらず国が主体ということになってしまいます。その文脈で八ッ場ダム騒動を見ていると、前原国交大臣が現場に出張ってくるのは頷《うなず》けます。民主党にとってこれは国の業務なのです。

私にいわせれば、どう見ても関東六都県に任せるべきものなのですが……。

こういうと、ちょっと地方自治を知った人から、道州に代わる「広域行政」（自治体の連合）があるではないか、という反論が返ってきます。でも、広域行政は誰がトップか曖昧《あいまい》です。それにインフラ整備でいつも「広域行政」が必要なら、いっそのこと「道州」をつくったほうが便利でしょう。さらに、広域行政では、先ほどのレベニューボンドなどは発行しにくいのです。

タカハシ先生に聞いてみよう21

地方分権はいいけど、財源はどうするの？

そこで消費税

先ほど国と地方の業務と予算にギャップがあるといいましたが、その総額はおよそ二〇兆円ほどです。その税源を地方に委譲しないと、本当の意味での分権はできません。

これは、単に国から地方に財布が渡されるということではなく、自治体の首長が住民から二〇兆円の税金を受け取るということです。そうなったとき、真っ先に変わるのは首長の顔が向く方向です。やはり、誰でもおカネをくれる方向に顔が向くのです。

「代表なくして課税なし」という箴言《しんげん》がありますが、要するに、最後はおカネを払う人の意見に耳を傾けなければならないのです。だから民主党のように国からの交付金でやるならば、やはり首長は国の方を見るのです。

では、その二〇兆円の出所を考えてみると、結局それは消費税しかありません。消費税というのは、景気にあまり左右されない安定財源です。だから、景気が良くても悪くてもやらなくてはならない日常業務を多く抱える自治体にこそふさわしい税源なのです。

もちろんその場合、国の出先機関に配置される人員は、消費税と一緒に地方に移らなければなりません。

そうなると、国に残るのは所得税系統だけになります。所得税には法人税も含まれます。これも景気に影響される税だからです。これは別の言い方をすれば、福祉や年金に消費税を使うべきではないということになります。

また、本来、年金や保険には保険数理というものがあるので、その原理でカバーしなければなりません。その原理によれば、年金や保険は、より広域的により大きなパイでやるほうが有利なのです。だからこそ年金は国がやるわけです。

このように考えていくと、どういう観点から見ても、消費税が年金や保険の財源になる余地はありません。

では、なぜそんな議論が出てくるかというと、デンマークやスウェーデンの例があるからだといわれます。しかし、これらの国はいずれも人口一〇〇〇万人以下の規模です。この規模なら、地方分権は政治日程にのぼってきません。その必要がないのです。だから消費税も中央政府の財源にしているわけです。

日本はヨーロッパの小国が五つか六つ合体した規模です。決して小さな国ではありません。だから、地方分権が議論されているのです。

企業も組織が一定の規模を超えると経営が難しくなるように、行政も肥大化すると風通しが悪くなり、細部が見えにくくなると不正の温床にもなり、非効率にもなります。いま地方分権が論議されているのは、こうした事情が背景にあります。

地方分権のスタートとしては、特別会計の地方移管がいいと思います。たとえば、国交省の社会資本整備事業特別会計の中の空港整備勘定（旧・空港整備特別会計）を分割して地方へ委譲すれば、地方航空局等の五〇〇〇人くらいを地方へ移管できるでしょう。また、厚生労働省の労働保険特別会計を分割して地方へ委譲しても、都道府県労働局等の一万人くらいを地方へ移管でき、ハローワークも地方機関との統合で効率化できるでしょう。

こういう具体的な話から少しずつ進めていかないと、いつまでたっても地方分権は絵に描いた餅です。国のあり方を変える大変な作業ですが、こういうものこそ政治主導が必要なのです。

高橋洋一（たかはしよういち）
1955年東京都生まれ。東京大学理学部数学科・経済学部経済学科卒業。博士（政策研究）。'80年、大蔵省（現・財務省）入省。理財局資金企画室長、プリンストン大学客員研究員などを経て、2006年から内閣参事官。'07年に特別会計の「埋蔵金」を暴露し、一躍、脚光を浴びる。金融庁顧問、株式会社政策工房代表取締役会長、'10年より嘉悦大学教授。著書に『財投改革の経済学』（東洋経済新報社）、『さらば財務省！』（講談社）、『鳩山由紀夫の政治を科学する』（共著、インフォレスト）、『この金融政策が日本経済を救う』（光文社新書）など。

日本《にほん》の大問題《だいもんだい》が面白《おもしろ》いほど解《と》ける本《ほん》 シンプル・ロジカルに考《かんが》える

2010年5月20日初版1刷発行

著　者 ── 高橋洋一
発行者 ── 古谷俊勝
装　幀 ── アラン・チャン
印刷所 ── 堀内印刷
製本所 ── 関川製本
発行所 ── 株式会社光文社
東京都文京区音羽1-16-6（〒112-8011）
http://www.kobunsha.com/
電　話 ── 編集部03（5395）8289　書籍販売部03（5395）8113
業務部03（5395）8125
メール ── sinsyo@kobunsha.com

 ISBN 978-4-334-03562-4